「聖なるあきらめ」が人を成熟させる

鈴木秀子
聖心会シスター

アスコム

はじめに

頑張るだけでは幸せになれない

頑張ることは、本当によいことなのでしょうか？　こんな疑問が、ふと心に浮かんだことはないでしょうか。

私たちはこれまで「頑張ること」に価値を見出して生きてきました。「最後まであきらめるな」「頑張り続ければ希望は叶う」と奮い立たせながら。
偏差値の高い学校を卒業し、名が通った会社に就職し、理想の相手と結婚をして家庭を守っていく。人生の後半には多くの貯金をして、健康に長寿をまっとうする……。常にストイックに頑張ってこんな〝人生の理想的なフルコース〟を歩むことが、幸せで充実した人生なのだと多くの人が考えてきました。

自分の夢や希望を叶えるために頑張ることはもちろん大切です。でも、あきらめずに頑張り続ければ人は必ず幸せになれるかと問われれば、イエスとは答えられません。

「頑張る」ことがじきに「執着」となり、その「執着」が不幸を招くこともよくあるからです。頑張りすぎて疲れ切ってしまったり、周りとの人間関係が悪くなってしまったりするのも、経験したはずです。

そこで大切なのは、「**あきらめる**」こと。「えっ⁉　あきらめるなんて、とんでもない！」と思われるかもしれません。もちろん、単に「断念する」という意味で、「あきらめてください」と言っているのではありません。

よりよい方向へ導く「**あきらめ**」をする方法を、身につけていただきたいと思っています。もともと「**あきらめる**」には二つの意味があります。

一つは「**諦める**」。「投げ出す」「**執着しない**」という意味です。

もう一つは「**明らめる**」。あまりなじみのない書き方ですが、仏教の世界で誕生した言葉で、「**物事を明らかにする**」「真理に達する」「つまびらかにする」という意味です。

こんな素敵な意味の**あきらめ**をすることで皆が幸せに近づく行為を、私は親しみを込めて「**聖なるあきらめ**」と呼んでいます。ポジティブで建設的で、心が穏やかになるという、とてもよい意味での**あきらめ**であるからです。

聖なるあきらめはまず、現状を把握するために**明らめる**ことを行います。すると、「自分の力で変えられること」と「自分の力では変えられないこと」の二つが明らかになります。

変えられることはぜひ変えてみてください。

一方で変えられないことは、執着せず**諦めて**みましょう。無理に変えようと執着しても、自分も周りも疲れてしまうだけです。

そこで、代わりに何かできないかを探してみましょう。代案を探すコツは、自分は何のためにその行動をとるのかをもう一度考え直すこと。これも**明らめる**ことの一つです。そうすると、変えられないこと以外の選択肢も出てくるものです。

聖なるあきらめができるようになると、不幸、不安、悩みなどを抱えても、よい行動やよい選択ができるようになります。頑張るだけでは見つけられなかった解決の糸口も、すんなりと見つかることがあります。すると心が穏やかになり、一歩成長できるのです。まさにすべてが、聖なる方向に向かっていくのです。

私はこれまで、**聖なるあきらめ**で幸せになっていった人をたくさん見てきました。各々が持つ悩みは、家族仲、病気、進路、外見など実にさまざまです。

聖なるあきらめとは、自分も周りも幸せにする行為なのです。賢く気持ちを切り替えていく行為であり、人間としての成熟に欠かせない行為でもあります。どんな困難な状況になっても、正しい行動や考え方を選択することで、うまく乗り越えることができます。周りから尊敬され、芯の通った強い人間になれるのです。

私は多くの人との出会いや聖書や文学作品からの学びを通して、**聖なるあきらめ**

という考え方にたどりつきました。

聖なるあきらめで どんな状況でも幸せが見つかる

聖なるあきらめの大切さをとくに痛感したのは、東日本大震災で被災した方々と出会ったときでした。

被災地のスーパーマーケットで、空っぽになった陳列棚にちらほらと商品が並び出した時期のこと。お惣菜のコーナーにおむすびが並んでいるのを見て、喜びの声を上げている人を見かけました。

「ああ、おむすびが入荷されているよ！」

よく見ると、入荷されていたおむすびの種類はたった一種類でした。震災以前はきっと、具材の種類は豊富にあったはずです。でも、一種類のおむすびを喜ぶ人の周りには、多くの笑顔が広がりました。

被災した方々には多くの苦労があり、多くの希望もありました。物資や温かい家を失った現状を受け入れるのも、そう簡単にはできなかったはずです。しかし悩みぬいた末に**聖なるあきらめ**にたどりつき、現状を見つめ直すことができたのです。その結果として、おむすび一つにもありがたさが身にしみて素直に喜ぶことができたのでしょう。

どれだけ悲劇的に思える状況でも、よいことを見つけて感謝して喜ぶことができる。そんな人は自分の心を満たすだけではなく、周りの人の心も温めることができるのです。

悲しいことがそのまま不幸となるわけではありません。悲劇であっても、気持ちの持ち方次第では不幸にはしない。**聖なるあきらめ**はそれも可能にします。現実を受け入れたくないという執着が起きたとき、人はまるで目隠しをされたように現実が見えなくなってしまいます。それが不幸の状態です。

その目隠しの存在に気づいて、目隠しを自分で外して（**明らめて**）現実と向かい合う勇気が必要なのです。このときに**聖なるあきらめ**がとても頼れる存在になります。

現実を受け入れるというと、つらそうだと思われるかもしれません。でも、目的がそもそも何なのかが**明らめる**ことで見えてくれば、モチベーションも上がってきます。

また、**諦めた**ことで解決に向かう他の選択肢を探すのも、それほど難しいことではありません。ほんの少し視点を変えるだけでいいのです。誰でもできるようになりますよ。そのためのヒントも、本書ではお伝えできればと思います。

また、**聖なるあきらめ**は普段から意識すれば、もっとさまざまな状況でも上手にできるようになります。

よりよい生き方を身に付けていくために大きな力になるのは、他の人の体験を分かち合っていただくことです。

体験とはその人にとって真実です。体験は本人にとってとても大切なものです。それをまっすぐに語ることは、その人から他の人への大きな贈り物になります。一人ひとりが真剣に生きぬいた体験は、他の人々をもまた素晴らしい生き方に導いてくれます。

私はたくさんの人からそういう大きな贈り物をいただいてきました。私に分かち合うのみならず、他の人にも分かち合っていいという許可を下さった方たちの体験を、深い感謝と敬意を込めて、この本をお読みくださるお一人お一人にお贈りしたいと思います。

体験された方からの贈り物が深い叡智《えいち》となって、あなたの人生を豊かにしてくれることを確信し、願いながらこの本を上梓《じょうし》しました。

他の人たちの体験を通じ、本書を読まれる皆さんが**聖なるあきらめ**をする習慣を身に付けていただけましたら幸いです。

鈴木秀子

第1章

苦しいとき、悲しいときこそ聖なるあきらめを

第2章

ありのままの自分を愛するために

第3章

聖なるあきらめが導いてくれる穏やかな心

第4章

あきらめることで自分を見失わなくなる

第5章

人間として成熟するための聖なるあきらめ

第1章

苦しいとき、悲しいときこそ聖なるあきらめを

不幸の中にも幸せの種はある

夫と子どもを失った悲しみを、**聖なるあきらめ**で乗り越えたAさんの話をしましょう。

Aさんと私は、東日本大震災の十カ月後、被災地を訪れた際に出会いました。Aさんは「相次いで家族を亡くす」という悲しい運命に見舞われました。

まず、交通事故で夫が急死します。それから1カ月も経たないうちに、東日本大震災が起こり、津波の被害によって一人息子のBくんが行方不明となります。

けれどもAさんは今、「震災で親を失った子どもたちをお世話する活動」に携わり、毎日を充実させて過ごしています。そして「すべてをよい意味で、**諦め**ました」と語ってくれました。

家族全員を失ったあと、どうしてAさんは心を立て直していけたのか。それは、息子さんとの別れから大きな恵みを感じ取り、大きな不幸の中から大きな幸せを見出すことができたからなのです。

２０１１年3月11日。Ｂくんは風邪で小学校を休み、自宅で寝ていました。地震のあと、Ａさんは「津波が来る」ということを知ります。

Ａさんは、すぐにＢくんと避難することを決めます。夫がいない今、Ｂくんを守ってあげられるのはＡさんしかいません。１階で、布団にくるまって寝ているＢくんに「あなたの一番大事なものを一つだけ持って、すぐに玄関に出て！」と告げました。

3月とはいえ、まだまだ寒い日が続いていました。「これからしばらく外に出ていなければならないかもしれない」と思ったＡさんは、Ｂくんのジャケットを取りに2階へと駆け上がります。Ｂくんの風邪がこじれては大変ですから。

そのときＡさんは、階下からＢくんのこのような叫びを耳にします。

「お母さん、僕の一番大事なもの、持ったよ！」

階段越しにAさんは、Bくんが意外なものを掲《かか》げているのに気づきます。それはなんと、1カ月前に事故死したBくんの父親の遺影でした。この切羽《せっぱ》詰まった状況の中で、Bくんはお父さんの遺影を選んだのです。

その瞬間のことです。外から大きな津波がやってきました。家全体に大きな衝撃が走ります。

「この衝撃は、津波なのだろう」

Aさんはそう感じつつ、大きな恐怖とショックに襲われます。そして、津波のとてつもない水圧に巻き込まれてしまいます。1階のBくんが気になりますが、駆け降りることは到底かないません。彼女はそのまま2階で意識を失ってしまいました。

しばらくして、Aさんは意識を取り戻します。Aさんは、Bくんを探します。けれども、その姿は見当たりません。家の中の家財道具はきれいになくなり、柱などの枠組みだけがかろうじて残されていたのです。津波は、１階のものを根こそぎ、海へと飲み込んでいったようでした。

Ｂくんのことを思って、２階へわざわざ彼のジャケットを取りに行ったＡさんが生き残った。そして、１階に残っていたＢくんが津波にさらわれたのです。

それからＡさんは、Ｂくんを何日も探し続けます。倒壊した家のがれきを押しのけ、会う人会う人に「息子を見なかったか」と何度もたずね、「Ｂくんが歩いているのではないか」と朝に夕に海辺を歩きます。けれども、Ｂくんは帰ってはこなかったのです。

そのときのことを思い返して、Ａさんは私にこう話してくれました。

「『あなたの一番大事なものを一つだけ持って、すぐに玄関出て！』。息子にそう告げたとき。彼はきっと、ゲームを持って避難するだろうと思っていました。それがまさか、父親の遺影を一番大事なものと選択できるように育っていたなんて、驚きました。『そのような家族を、一度でもつくれた』ということが、私の大きな誇りであり喜びです。息子はあのとき9歳でした。『子どもを授かり9年間一緒に過ごせた』『夫とよい家庭を築けた』、そんな思い出が、これからの私を支えてくれると思います」

「なぜ、そのように前向きに考えることができるのですか？」

私の問いに、Aさんはこう答えてくれました。

「だって現実だから。現実を受け入れて返ってこないものは**諦め**ないとしょうがないでしょう。私は夫とも別れ、息子も失いました。苦しいのはあたりまえです。けれどもどんなに苦しくても、私自身はこれからずっと、生き続けていかなければならないのです」

Aさんは、このように続けました。

「過去に執着し続けるのではなく、過去からいいものだけ、よい思い出だけを選び出して、それを生きるよすがとしてつなげていく。そうやってきたから、私はなんとか生き続けてこられたのかもしれません」

Aさんは家族という大切な宝ものを失いました。でも、家族との素晴らしい思い出はAさんの心の中から決して消えることがありません。

よい思い出を糧《かて》に、前向きに生きていく。それは、残された人間にとって、大きな知恵の一つです。

そしてAさんは「震災で親を失った子どもたちをお世話する活動」に新しい気持ちで携わっていくことで、新たな自信と生きる喜びを獲得しながら、暮らしを続けているのです。

つまり、（現状を把握するという）**明らめ**を行うことで、自分も周りも幸せになる生き方を見つけられたのです。そのような心境に至るまでには、長い時間と多くの涙があったことでしょう。

Aさんの**あきらめる力**は、つらい過去にこだわりすぎるのではなく「新しい選択に向かう」という方向に強く働いています。

執着を手放す第一歩は感謝の心を持つことから

有名な病院にお勤めの若い女性のCさんは今まで、仕事に全力投球をしてきました。

「誰よりも抜きん出た、優れた医者になりたい」

「(上役である)○○教授によく思われたい」

そのような気持ちにとりつかれて、医者になってからも専門分野の勉強にも手を抜かず、〝出世街道〟を走り続けてきたのです。

しかし最近、イヤなことばかり考えてしまい、苦しくなってきたと言います。

「もしかすると、○○教授に嫌われているのではないか」

「私は医者として完璧ではない……」

やがて自分で「うつ気味だ」と自覚するようになったCさんは、私のところにやってきたのでした。

そこで私は、鹿児島県の医療施設「Dメディカルハウス」を紹介しました。そこではお年寄りや障がい者の人たちが助け合って暮らしています。ホスピスと老人福祉施設と障がい者福祉施設が一体となったようなところです。ちょうど研修医を募集していると聞いたので、応募をしたらと提案しました。

Cさんは最初、私の申し出に驚いた様子でした。

「なぜ私がわざわざ地方まで出かけて、キャリアアップにつながらないことに時間を割く必要があるのですか？」

「でもあなたは、今のまま大学病院に勤め続けるとどうなると思う？」

「私は今、すでにつらくてたまりません。だからといって、わざわざ遠くの施設にまで行くつもりはありません」

そしてCさんは一度帰っていきました。

数週間後、またCさんとお会いする機会がありました。そして私の顔を見るなり、Cさんはつらい気持ちを訴え始めたのです。

「医者として、私はダメなのです」

「どんどん行き詰まって、苦しくてたまりません」

「もう最近は、仕事を休むことも考え始めました」

私が「どうせ仕事を休むなら、その間は鹿児島に出かけてDメディカルハウスで働けばどうか？」と提案したところ、Cさんはすんなりと受け入れてくれました。

数カ月間そこで働いて元気を取り戻したCさんは、私のもとに報告に来てくれました。その話はとても感動的なものでした。

Dメディカルハウスでは、「どんな小さなことにも感謝する」という雰囲気があるそうです。とくに末期がんなどで人生の最期を過ごす入所者たちは、若いスタッフに対しても敬意をもって接し、感謝をしてくれるのです。

「私はもうすぐ死んでいきます。でも今は生きています。ここで、先生にこんなによくしてもらって感謝です」

このような言葉をかけられたCさんは驚きます。

「『あなたは素晴らしい医者だ』とほめられるよりも、感謝をされることがどんなにうれしいことか、全身でわかることができました。治療の手立てがない人たちに対して、私ができることは、軽い痛み止めを処方することくらいです。でも、入所者の皆さんは、必ずありったけの感謝をしてくれるのです」

Cさんは、とてもうれしそうに話してくれました。さらに話は続きます。

「『先生、今日も薬をもらってよかったです』『今日も先生のお顔を見られてよかったです』『これで、今日も楽しく生きられます』。こんな言葉をかけてもらって、私は最初なぜだか涙が出て止まりませんでした。こんなやりとりが、幸せに本当に必要なものだったとやっと気づいたのです。Dメディカルハウスでの人間関係は、不思議な感じがしました。利害関係がない素朴な関係とでもいうのでしょうか。私は今まで『すごい治療ができる医者』『立派な医者』などとほめられることを目指して頑張ってきたつもりです。でも、幸せに生きていく上でそういうものは**諦める**べきであり、必要ではないのだと、かすかに悟り始めています」

私はこの話を聞いて、「ある兵士の祈り（無名兵士の祈り）」を思い出しました。

ある兵士の祈り

大きなことを成し遂げるために力が欲しいと神に求めたのに
謙遜を学ぶようにと弱さを授かった

より偉大なことが出来るように健康を求めたのに
より良きことが出来るようにと病弱を与えられた

幸せになろうとして富を求めたのに
賢明であるようにと貧困を授かった

世の人々の賞賛を得ようと成功を求めたのに
得意にならないようにと失敗を授かった

人生を享楽しようとあらゆるものを求めたのに
あらゆることを喜べるようにと生命を授かった

求めたものは一つとして与えられなかったが
願いは全て聞き届けられた

神の意に沿わぬものであるにもかかわらず
心の中の言い表せないものは全て叶えられた

私はあらゆる人の中でもっとも豊かに祝福されたのだ

（訳：G・グリフィン神父）

Cさんは、キャリアアップや周囲から高い評価を受けることを**諦め**、執着をいったん手放したのです。けれどもそれと引き換えに、感謝をし合うことがまずは大切だという大きな気づきを得ることができました。

それは、Cさんにとってなんと難しいことだったでしょう。向上心の強い人や志が高い人ほど、頑張ることやほめられることを**諦める**のはつらいはずです。

けれどもCさんの場合は「うつ気味」と自覚できるほど、心にまでしわ寄せが来ていました。何かの犠牲の上に成り立つ頑張りは、やはりどこかにひずみが出るもので、長続きはしないものです。

自分を苦しめすぎる前に、**聖なるあきらめ**で賢く**諦めて**いきましょう。すると、実は自分でも気づいていなかったけれど、自分にとって本当に大切だったことが見えるようになってくるのです。

あたりまえのありがたさに気づく

大会社の役員を退任後、独立行政法人の研究所で理事長を務めていらっしゃるEさんが、貴重な体験をお話ししてくださいました。

Eさんは誰が見ても成功したエンジニアで、企業のトップにまで上り詰めた、いわゆるエリート中のエリートでした。しかし、働き盛りの年代に突然大病を患い、入院先のベッドで昏睡《こんすい》状態に陥ってしまいます。

「私の会社人生は、もう終わるのだろう」

Eさんは、いったんそう**諦め**ます。そして、会社の人が書類を病室まで持ってきてくれても、目を通しはしませんでした。

Eさんは、今まで大切にしていたもの、たとえば築いてきた地位もキャリアもことごとくなくしてしまったように感じます。そして「人間の一番大事なもの」について思いを巡らすようになります。地位やキャリア、所有している財産や大切にしていた人間関係もいったんゼロにして考えてみた（**明らめてみた**）のです。

すると「人間の原型」「生きることの原型」という言葉が思い浮かびます。それは「感性」「家族愛」などとも違うもののように感じられました。そして、このような思いに駆られるようになります。

「私は、今までとはまったく違う別の何かを求めて、生きていかなくてはいけない」

やがて奇跡的な回復を遂げ、1カ月の入院を終えて退院することになります。退院の日は雨でした。そこでEさんは、落ち葉を目にします。その瞬間、「世の中はこんなにもきれいなのか」と心が打ち震えるほどの感動にとりつかれます。まるで高精彩のテレビ画面を見るように、鮮明に美しく命というものの輝きを感じられたのです。

「世界とは、ただそこにあるだけで美しく素晴らしい。年を重ねて病気を経て、そんなあたりまえのことにやっと気づけるようになりました。だから私は『病気よ、ありがとう』と言いたいのです」

Eさんがその後、どんな日々を送っているのかを聞いてみると、こう教えてくださったのです。

「毎日、魂の領域がスッキリしているかどうかをチェックしています」

人間には「魂の領域」と、「欲望の領域」があるというのです。

「人間ですから、『あれがほしい』『こうなりたい』という欲望は避けられません。欲望とは単なる『執着』です。そして執着とは、満たされないことが多いものです。でも、より深い魂の領域に目を向けたときに、自分が『スッキリして生きること』を本当に楽しんでいれば、たとえ執着が満たされていなくてもいい。そう思えるようになりました」

Eさんは一度、会社人生を**諦めた**ことがきっかけで、**明らめ**ができ世界の素晴らしさに気づくことができました。

「病気が人生に与えてくれる実り」とは、はかりしれないほど豊かなものであると教えられます。けれども、その実りに気づくためには**聖なるあきらめ**をうまく発揮させていくことが大事です。

病気を受け入れてよい方向に**諦めた**途端に、Eさんのように世界の見え方が違ってくることでしょう。


Eさんが、**聖なるあきらめ**を実践できたのは、入院生活を強いられたことが大きかったのかもしれません。働くことはおろか動くことさえできなくなり、自分と向き合わざるをえなくなってしまったからです。これが**明らめ**につながりました。

入院生活という人生のピンチも、**聖なるあきらめ**で自分を成長させる機会へと転換できるのです。

失ったものよりも残ったものが大切

私が親しくしている山崎泰広《やまざきやすひろ》さんという、車いすを扱う会社の社長さんがいます。山崎さんは若いころ、留学先で事故にあい、車いすの生活を余儀なくされます。下半身不随となって、何度も床ずれに悩み、手術を繰り返しました。

のちに「シーティング」（車いすに快適に座ること）の技術と出会い、そのときの感動がきっかけで車いすの輸入販売を手がける会社を立ち上げます。今では、行政とともにバリアフリーを推進する活動などにも取り組んでいます。

いったい彼は、どのようにして「下半身不随になる」という不幸を乗り越えてきたのでしょうか。

また、車いすで生活をしながら人並み外れたバイタリティで高性能な車いすの普及事業に取り組んで、多くの人を幸せにしてこられたのはなぜでしょうか。

そこには、**聖なるあきらめ**が働いていたと思えてなりません。山崎さんの半生を見ていきましょう。

19歳の山崎さんが、留学先のアメリカのある寮で、3階の窓際に腰かけていたとき。誤ってコンクリートの地面に転落し、背骨と頭蓋骨《ずがいこつ》を骨折してしまいます。彼は10日間ほど意識不明になりますが、幸い脳に障がいを負うことは免《まぬが》れました。意識が戻りかけたとき、山崎さんは神父さんがずっとお祈りをしてくれていたことに気づきます。

意識が戻った3時間後。主治医がやってきて、山崎さんにこのような告知をします。

「脊髄《せきずい》が完全に切れています。もうあなたは歩けません。一生、車いすでの生活になります」

普通に考えると、誰だってそこで大きな悲しみにくれるはずです。けれども山崎さんの場合は違いました。幸運にも周りにポジティブな人が多くいて、気落ちしないようなサポートをしてくれたのです。

まず主治医は、車いすにまつわるさまざまな情報を提供してくれました。「車いすの人のためのスポーツ雑誌」を手渡されたこともあります。その雑誌には車いすで競技をする選手たちの写真がたくさんあり、山崎さんはとても勇気づけられます。

神父さんも祈り続けるばかりではなく、山崎さんにさまざまなことを話してくれました。山崎さんの心にとくに残ったのは次の言葉でした。

「失ったものを嘆くのではなく、残されたものに感謝をしなさい」

けれども、失ったものがあるときにそのことにとらわれずに「感謝をする」というのは、とてもつらいことでした。そこで山崎さんは、「無理にでも感謝の祈りをしよう」と決めて祈り続けました。祈りといっても眠る前に毎日言葉を唱えるだけです。

ただ、習慣の積み重ねとは大きなもので、イヤな気持ちはいつの間にやら忘れてしまうことができるようになりました。

リハビリの担当者は、このような助言をしてくれました。

「一つ言っておきたいのは、あなたは何も変わっていないということです。だから、今まで持っていた夢も目標も変える必要はありません。ただ障がいを負ったことで、これまでと同じ方法ではできなくなってしまいました。だから、どういう道具を使ったら実現できるのかを一緒に考えていきましょう」

それから日本に帰国した山崎さんは、5年もの間サラリーマンとしてある会社に勤めます。

「車いすで働いている。でも、みんなに認められたい」

そのような思いに突き動かされて、必死に働きます。

そのうち、車いすと体がうまく接していないことから床ずれが起こり、手術を何度も受けることになります。「退院しては再発する」ということを繰り返し、計6回もの手術を受けることになります。

そのとき、彼にこのような思いが湧き起こりました。

「私は頑張ろうとしているのに、なぜ神様はそれをやめさせるようなことばかりするのだろう……？」

そのころ山崎さんは、知人にアメリカのある病院を紹介されます。そこでは床ずれの手術だけではなく、「シーティング」という人の体に車いすをなじませる技術によって再発防止に努めるという方針を取り入れていました。

山崎さんは「シーティング」のおかげで、〝車いすでの快適さ〟を初めて手にいれます。そして、「シーティングの技術をはじめ、高性能の車いすを広めることで、多くの人が幸せになるはず」という思いから、会社を設立するに至ります。日本にはまだ、「高性能の車いすの市場すらない」という時代でした。

山崎さんは今、講演やセミナーを行ったり、テレビなどのメディアを通してさまざまな普及活動を続けています。彼の願いは「障がいのある人にとって、住みよい環境や条件が整うこと」です。バリアフリーな環境を、行政とともに進めていく活動にも携わっています。

失ったものを嘆くのではなく、キッパリと**諦める**。

そして、**明らめる**ことで残されたものを見つけ、その大切さに気づき徹底的に感謝をして、「あるもの」を活かしていく。つまり、できることに全力投球をしていく。

山崎さんはそのような考え方で、道を切り開いてこられたように感じます。**聖なるあきらめ**を最大限に発揮して、「失ったものには、こだわらない」。そして残された条件の中で徹底的によい方向に築き上げていく。そのような潔さ、聡明さのおかげで、山崎さんは大きな不幸をはね飛ばしてきたのです。

聖なるあきらめとは許すことでもある

あるとき、50代女性のＦさんからこのような悩みを相談されました。

「がんを宣告された親友・Ｇさんと、どう向き合えばよいかわかりません」

Ｆさんとは共通の趣味があり、長いつきあいになるそうです。

また、それまでのＧさんはとても明るく社交的な性格で、どこにいても笑顔で皆に愛されるような人だったそうです。けれども、がん宣告について電話で打ち明けてくれたとき。Ｇさんの声は暗く、会話の最後は取り乱したような雰囲気だったと言います。

私はＦさんにこうアドバイスしました。

「まず、『二人の関係はこれまでと同じではない』と思ったほうがよいかもしれませんね。新しいコミュニケーションの時期に入ったと考えたほうがよいでしょう。

医学が進んだ現在は、『がん宣告＝死』というわけではありません。とはいえ、がん宣告を受けた人のほとんどが、人生の終わりについて意識をするようになります。周囲の人も、おつきあいの形や話の内容をよく考えたほうがよいかもしれません」

そして私はFさんに、次の二つを**諦める**よう提案しました。
「私が会話の主導権を取らなくては」と思うこと。
「相手を励まさなければ」と思うこと。

また次のようにも伝えました。
「これからFさんがGさんと直接話をするとき。一番大切なことは、Gさんの言葉や気持ちをFさんが丁寧に受け止めていくことです。『Gさんの顔を見たら最初にどんな言葉をかけようかしら』などと思い悩むことはありません。『私が会話を明るく盛り上げなくちゃ』などと意気込むこともありません。Gさんの話を無心に聞いて、あいづちを打つ。それだけでGさんの心は深く満たされていくことでしょう。

それから、たとえGさんの病が進行していったとしても、お見舞いなどの形でもよいので一緒に過ごすようにしてください」

人生の終末期にある人との時間を、私は「仲よし時間」と呼んでいます。その人とともに過ごした日々、それも楽しかったことについて言葉を交わす時間です。「つらかったこと」や「イヤなこと」ではなく、「楽しかったこと」。「争い」ではなく「わかり合うこと」。

このような視点で言葉を選んでいくことが大事です。

つまり、過去にGさんと何かわだかまりがあったとしても許す。Gさんの過去も今もすべて受け入れる。

許すことも、受け入れることも、もちろん難しいことです。

けれども、FさんGさんの二人の置かれた状況を**明らめる**ことで、何をするのが二人にとって幸せなのかを見つける。すると、これまで挙げた**諦める**べきことも見つかる。このような**聖なるあきらめ**をすると、格段にうまくいくことが多いものです。やがて二人の心は、どちらも必ず深く満たされていくはずです。

死の直前だからこそ、やり方一つでより深く友好的に心を通い合わせることもできる。それは遺されていく私たちにとって大きな救いであり、希望でもあるのです。

第2章

ありのまま自分を愛するために

あきらめることで、人は優しくなれる

あるとき、Hさんという経営者の方から、このような相談をされたことがあります。

「私は、わが社の社員を信頼しているつもりです。けれどもここだけの話、心の深いところではどんな社員も全面的に信じ切れないところがあるのです。社員から見ると、私はきっと『冷たい人』と映っているに違いありません。いったいどうすればよいでしょうか」

私はこう質問しました。

「もしかすると、あなたの過去に何かがあって、『どんな人も全面的には信じ切らないようにしよう』と心に刻んだのではないでしょうか」

すると、Hさんはしばらく黙り込んだあと、何かを思い出したようにポツリポツリと話し始めました。

Hさんはまず、彼の肩から腕にかけて広い範囲に火傷の痕《あと》が残っているということを明かしてくれました。その原因については「囲炉裏《いろり》に落ちて熱湯をかぶった」と亡き母親に教えられただけで、詳しいことはまったく知らなかったと言います。けれども私と話しているうちに、立ち込めていた霧がパッと晴れるように事故当時の記憶がはっきりと目に浮かんだと言います。

Hさんが、まだ赤ちゃんだったとき。

田舎の大きな日本家屋の中で一人でよちよち歩きをしていたHさんは、何も知らずに大きな囲炉裏に近づいてその中に転落。火にかかっていた大鍋をひっくり返して、煮えたぎる味噌汁を上半身に浴びてしまったのです。それは、Hさんのお母さんが裏手の畑へ出かけた、ほんの10分ほどの間に起こった悲劇でした。

お母さんは、味噌汁の具にする青菜をとるため「ほんの少しなら大丈夫だろう」と、Hさんを家に残したまま外出していたのです。

沸騰した味噌汁を突然浴びたHさんは、耳をつんざくような悲鳴を上げて泣き続けました。けれどもその声は、お母さんにまったく届きません。

彼は、囲炉裏の中からはい上がることもできずに、数分間泣き続けざるをえませんでした。

あまりの熱さと激痛と大きな恐怖やショックで、気を失いかけたとき。ようやくお母さんが青菜を抱えて家へと戻ってきたのです。

虫の息のHさんを囲炉裏の中に見つけたお母さんは、事態を一瞬で理解して動転します。

そして血の気が引いた顔で一言も声をかけずに横抱えにして、村のお医者さんのもとへと走りました。

Hさんは、熱湯がかかった服を着せられたまま、全速力で走るお母さんの脇にまるでラグビーボールのように抱えられ続けます。大火傷を負った状態で着衣のまま走るわけですから、肌が激しくこすれてますます痛くなるのです……。

Hさんの回想はそこで終わりました。そして、このように分析をしてくれました。「私はこの事故以来、自分の中に一つの信念を根づかせました。それは、『誰も信用してはならない』という信念です。火傷の直後、自分が死にかけて苦しんでいるときに、唯一の味方だと信じていた母親はすぐに助けにきてくれなかった。母親が助けてくれないのに、世界中の誰が自分の味方をしてくれるだろう。『誰にも期待をしてはいけない』『何でも自分の力で解決しよう』、そのような信念です。そのおかげで大人になって会社を起こしてからも、そのような姿勢が幸いして、誰からもつけ込まれたり乗っ取られたりせずに経営を続けてこられたに違いありません」

彼の言葉に、私は「なるほど」と思いました。

けれども、「誰も信用してはならない」という信念に長年とらわれ続けているなんで、あまりに悲しい話ではありませんか。そこで、このような問いを投げかけてみました。

「少し立場を変えて考えてみましょう。あなたがもし、当時のお母さんだったとしたら。どんな気持ちだったと思いますか？」


するとHさんは突然、号泣し始めました。しばらくして、自分自身に言い聞かすように、ぽつぽつと話し始めました。

「瀕死《ひんし》の私に気づいた母は、私を家に一人残したことでどれほど自分を責めたでしょう。どれほど悔やんだことでしょう。私の火傷をどれほど心配したことでしょう。

当時の私は、母の胸中を察することなどとてもできませんでした。そして一方的に、心の中で母を深く恨み続けてきたのです。

当時の母は私を抱えて村の医者の所へ全力疾走して、私を助けようとしてくれたはずです。そして母は死ぬまでずっと、この事故のことで自分自身を責め続けていたと思います。それはどれだけつらいことだったでしょう。

今の私は『お母さん、ありがとう』という気持ちでいっぱいです」

この話には後日談があります。彼はそれから人が変わったように「優しい人」へと変貌《へんぼう》し、自社のスタッフたちを驚かせました。そして2年後に息を引き取ります。Hさんが優しくなったという急激な変化については、スタッフ全員が不思議に思っていたそうです。中には「急逝《きゅうせい》する死期をわかっていたから、最後の2年間はあのような優しさを示されたのではないか？」と推察する人もいたそうです。

Hさんが急変した本当のきっかけは、自分の不信感の原因がわかったことなのです。意識下の「母親への誤解」に気づいた途端、優しくなれたのではないでしょうか。

Hさんは大人になってから、意識下に押し込めていた過去の悲しい出来事を**明らめる**ことができました。**明らめ**でのもっとも大きな発見は、母のHさんに対する強い愛情だったのでしょう。

そして、起こってしまった不幸を**諦める**（**納得して受け入れる**）ことができたのです。

「見方を大きく転換させることができた」というのも、**聖なるあきらめ**の一つの形です。


彼が亡くなったときに一番泣いたのは掃除のおばさんたちと運転手さんだったと、風の噂で聞きました。Hさんは社内ではあまりお礼を言われにくい、いわば裏方的なスタッフの一人ひとりにまで目を配って、「ありがとう」などと労《ねぎら》いの声をかけていたのです。

彼の中に、自然と人を信じ、「誰とも分け隔《へだ》てなく優しく接する」「周囲に感謝して生きる」という確固とした信念が広がっていったのです。

あわただしく過ぎ去っていく日常の中で、周囲への優しい気持ちを忘れてしまいそうになるとき、私はHさんの**聖なるあきらめ**を思い出すのです。

他人に自分と同じものを求めない

大学で教えているころ、私は素直で優秀な学生に恵まれました。ですので、ほとんどの学生が真剣に取り組んでいる中で、ときにおしゃべりを始める学生がいると、私はイライラしました。

ある日、一つのひらめきが実感となって私を強くゆさぶりました。「自分がよいと思う価値観と相手の価値観は、ときに異なることがある。けれども、その違いこそ力となる」。

まず、「自分と他人は、同じではない」というあたりまえのことが、急に腹に落ちたのです。これは、大きな**明らめ（他人と自分が違うことを、はっきりさせること）**でした。

「単なる、投げ出し」とはまったく異なります。色にたとえてみます。

たとえば黄色と青色が混ざり合うと、緑色というまったく違う色になります。違う価値観がぶつかり合うと、新しいものの見方が生まれることがあるのです。

そう思うと、今までは学生たちに対して不機嫌になり一方的に注意をするだけなのを**諦め**られるようになりました。

どんな学生にも寛容《かんよう》な態度で接して、「どうして、そういうことをしようと思ったの？」「私はこう思うけれど、あなたはどう考えますか？」などと、歩み寄る感じで友好的に会話ができるようになったのです。

つまり、学生と私の価値観の違いが**聖なるあきらめ**を生み、私を寛容にさせてくれたのです。

そこには「自分とは違う人間のすることだから、価値観に違いがあるのはあたりまえ」と、よい意味で**諦め**られるようになったのです。


また、試行錯誤を重ねるうちに、単純に注意をするだけではない秘策も思いつくようになりました。それは、おしゃべりをやめない学生の隣の学生を指名するということです。不思議なことに、この方法だとピタリとおしゃべりがやむのです。

おしゃべりを止められない学生でも、隣の学生が指名されて起立して一生懸命に答えようとしていたら、さすがに口をつぐんで授業に参加するものです。これは、隣の人への「配慮の気持ち」が残っているということの表れです。つまり、全面的に「空気が読めない」というわけではないのです。

「最初から、おしゃべりをしている学生を指名すればよいのでは」と思われる人もいるかもしれませんね。

けれども、本人を指名した場合「わざと当てた」と、気分を害してしまうかもしれません。だから「隣の学生を指名する」のがちょうどよいのです。

このように相手の心理を読み取りよい方向へと導けるのも、「本人におしゃべりをやめさせること」に焦点《しょうてん》を合わせず、真の目的「真剣に学ぶ」を見つめ続けたからです。

年齢を重ねたからこそできることがある

Iさんという女性のお話をしたいと思います。Iさんは、次のように胸中を明かしてくれました。

「45歳になってさまざまな不調に悩まされるようになり、婦人科に行くと更年期障害と診断されました。大きな病気ではないとわかったので安心しました。でも、精神的にしんどい毎日が続いています。子どもたちが自立しそろそろ私も楽になれる時期のはずなのですが、なぜこんなに重苦しいのか。うらみつらみが増えて、さらにはそんな自分がイヤになり……という悪循環に陥っています」

こういった悩みは、Iさんに限らず、多くの中高年女性から相談されます。

女性にとって一番生きるのがつらい時期というのがあります。それは、更年期障害になる前の38歳からの10年間です。あまり知られていませんが、実はその人の価値観などが大きく変わる時期なのです。その「真っ暗なトンネルのような苦しい10年間」を越えると、皆さんは今までのことがまるで嘘のように悩みから卒業をしていかれます。

「真っ暗なトンネルのような10年間」では、肉体面での変化ももちろん気になります。けれども、それは最初だけです。

確かに年を重ねるにつれてシワは増えるし、体型も崩れるものです。ただ、それを嘆いたり若いころの自分に戻りたいと強く願っても、薬やエステを利用したところで実際は若返るのには限界があります。シワを悩んだり嘆いたりすることに時間を使っても、面白くも楽しくもありません。

それよりも、その年になって初めて見えてくる人生の景色をめいっぱい満喫するほうが、賢いとはいえないでしょうか。つまり、自分のエネルギーを何に使うかという問題です。

年齢を重ねると、「エネルギーをうまく分配する」という能力が若さと引き換えに上がってきます。

聖なるあきらめで、自分の努力が活かされないことについてはエネルギーを注ぐことはやめましょう。

このような話をIさんにしたところ、「自分はまだ長いトンネルの中にいる。でも、トンネルには必ず終わりがあると知って安心した」と喜んでくれました。

自分は今「トンネルの中にいるのだ」と状況を**明らめて、**そこから「最善の道」を選ぶことができればよいですね。たとえば、「できる限りゆったり過ごす」「専門病院で診てもらう」「誰かに相談する」「仕事を休む」「家事を誰かに手伝ってもらう」などの解決策が考えられます。

場合によっては「トンネルの中からの脱出」を**諦める**ことだって、大切なことかもしれませんよ。

楽天家とはあきらめ上手な人のこと

「炎のマエストロ」「世界のコバケン」と称され、世界中で親しまれている指揮者、小林研一郎さん。彼は国内外で数々の賞を受賞するなど、世界的な活動をされています。

そんな彼が、指揮の仕事のことを「残酷なほど、イヤな世界」だと言うのです。

以下は、小林さんが語ってくれたことです。

指揮者と聞くと、なんだか華やかな仕事と思う方がいらっしゃるかもしれません。けれども、私はこの仕事を始めた若いころからドロドロとした世界に打ちひしがれていたのですよ。

先日、ある刑事もののドラマを見ていたら、「俺たちの仕事は、百かゼロなんだ」というセリフが耳に飛び込んできました。犯人を捕まえれば百、捕まえられなければどれだけ頑張ってもゼロという厳しい世界なのです。

指揮の世界も、ある意味それと同じです。「今日の演奏は100点だった」と自分が思っていても、お客さんたちが「20点だった」と思えばそれはもう「0点」なのです。


だから、オーケストラでの指揮者の責任は重大です。約百人の「生活のかかった演奏者たち」に対しても責任があるからです。

「高額のチケットを買って私たちの音楽を聴きに来てくれたお客様たちは、本当に満足して家に帰られただろうか？」

そう考えると悩みは尽きません。

「こんな残酷な世界に、私はいつまで住んでいるのだろうか」と思えてきます。

もし、指揮者という立場を捨てて逃げることができるのなら、逃げ出したいものです。そうは言っても、実際のところは逃げられない。

「次はうまくいくかもしれないぞ」「もしかしたら、次で終わりかもしれない」

そのような思いが心の中で行き交って、私を逃げさせてくれないのです。


うちの妻は、私のことを「生まれつきの楽天家」と思っているようです。確かに、初めから「**(100点を取ることに対する) 諦め**のような気持ち」を持っているのかもしれません。だから指揮台に立てるのです。そうでなければ、手が震えたりしてとても指揮なんてできないでしょう。


『グリーンマイル』という映画があります。その中の死刑執行のシーンでこのような言葉があるのですが、私は自分ごとのように感じてしまいました。

「これから電流を流します。あなたが死に至るまで電流を流し続けます」

これは、指揮台に立ったときの私の心境とまったく同じです。客席から強烈な電流が流れてきます。その強さに負けてしまうと、指揮者は終わりなのです。

いわば、いつも断崖絶壁《だんがいぜっぺき》に立っているような気分です。だからこそ、全身全霊で指揮台に立つしかないのでしょう。けれども幸い、私は楽天家で少し心が柔らかいせいか、なんとかやってこられたのです。

私を動かす原動力の底にあるものは、**あきらめる力**です。

「私はめいっぱい頑張りました。それでも、これ以上はできませんでした。だから何とでもしてください」

あきらめる（精一杯やったことを明らかに認め、余計な心配をし続けるのを諦める）ことができてこそ、なんとかやっていけているのです。

「世界的な指揮者」と称賛され続けている人でも「心の仕組みは、私たちと同じなのかもしれない」と感じます。

「断崖絶壁に立っている」と追い詰められたときこそ、全身全霊で生きてあとは天に委ねる。そのような**聖なるあきらめ**の使い方は、私たちでもすぐに取り入れられそうですね。

心の平穏は聖なるあきらめで訪れる

研修会に5年前から参加しているJさんという40代女性がいます。

Jさんは、医者である夫・Kさんと二人の息子さんの四人家族でした。しかし5年前のある日、家庭が突然壊れ始めます。

仕事から遅く帰ってきたKさんは、硬い表情で黙って食卓についています。

「何かあったんですか」とJさんが声をかけても、彼はずっと黙っています。

「大丈夫ですよ。どんなことがあっても、私はあなたについていきますから」

Jさんはそう彼を励まします。すると、彼がようやく口を開きました。

「離婚しよう。僕には結婚したい女性がいる」

それからのJさんの日々は、平隠な日常からまるで地獄に突き落とされたようでした。Kさんはぱったりと家に帰らなくなり、「離婚届に判を押さなければ生活費を送らない」という書面が送られてきました。

そんな状況の中で、高校生の長男が突然不登校になり家庭で暴力をふるうようになります。


Ｊさんは、研修会に参加するようになりました。研修会では、悩みや思いを他のメンバーたちに話し共有することを通じて、それぞれが心の平安を得て、解決を目指していきます。

最初にＪさんに会ったとき、彼女は疲れ切っていました。やがて彼女は、メンバーたちに少しずつ本音を話すようになっていきました。それは、怒りや絶望、夫への憎しみ、そして自己嫌悪に至るという繰り返しでした。メンバーたちは、静かに彼女を受け入れているようでした。

回を重ねるにつれ、Ｊさんの様子に変化が表れます。顔の表情が穏やかになりグチもこぼさなくなったのです。そしてある日、こう話してくれました。

平穏に暮らしていたころはすべてがあたりまえで、むしろ「足りない」と思うことばかりでした。夫の存在はあたりまえ、子どもたちが私の言うことを聞くのもあたりまえ。そして、「すべてがもっとよくならなければ幸福ではない」と感じて、満ち足りたことはありませんでした。

でも、離婚を突きつけられたり長男が暴力をふるうことになって、今までの生活がいかによい条件だったか、私はようやく気づくことができました。そして、これらの問題は私を人間に立ち返らせてくれる〝恵み〟だったとわかりました。私はそれまで、見栄と体裁をつくろうことに生き、虚《むな》しい幸せを追い求めていたのだと知ったのです。

夫や息子の行動は、驚きであり悲しみでした。でもこれを機に、私は自分自身が変われたような気がして、心の持ちようが前向きになれそうなのです。

この研修会を通して、私は「生きている」ということをひしひしと感じるようになれました。「生きていてあたりまえ」という感覚から「生かされている私」をいとおしく感じられるようになってきたのです。

私が変わることができたのは、研修会のメンバーの皆さんに、ひどい状態だった私を丸ごと受け入れてもらったおかげです。

私はあのとき、夫と長男に限らず、親戚や知人、友人、出会うすべての人から、全世界からも「NO」と否定されていると感じていました。つらい八方塞《はっぽうふさ》がりの状態でしたが、私は皆さんのおかげで「NO」と否定されるのを受け入れることができたのです。

そして、「他の人から、たとえNOと言われても、無理に気に入られたり認められたりするのを**諦め**ます。でも、私は自分の存在を自分で認めて大切にしていきたい」と思えるようになったのです。

私が変わったことを気づかせてくれたのは、長男でした。私が今の自分自身の姿から逃げるのを**諦めて**認めて受け入れた途端、長男は暴力をやめたのです。

そして「大検を受ける」と言い出し勉強を始めました。やがて進みたい道を自分で見つけて、今年の春、福祉の専門学校を卒業することができました。

変化はそれだけではありません。夫が家に戻ってきたのです。ある日の夕方、食事中の私たちの前に夫が突然現れたのです。そして以前と同じように自分のいすに座りました。そして、私たち母子3人に向かって深々と頭を下げ、それぞれの名前を呼んでこう言いました。

「私はやっと目が覚めた。悪かった。許してほしい。勝手だけれども、私を受け入れてほしい」

そのときの私の心は、波一つない海面のように静かでした。目の前に浮かんだのは、私を静かに温かく受け入れてくださった皆さんの顔でした。

私は冷蔵庫の前に立って、以前のように夫にこう声をかけていました。

「あなた、ビールになさいます?」

久しぶりに顔を見た夫を責めるでもなくなじるでもなく、そのような言葉がずっと口をついて出てきたことに自分でも驚きました。そして長男も次男も、声をそろえて「お父さん、お帰りなさい」と言ったのです。

私は自分がすべて報いられたこと、苦しんだことの100倍以上の実りをいただいたことを感じました。それから、わが家は以前の暮らしに戻ったのです。

昨日は、初任給をもらった〝社会人1年生〟の長男が、シャンパンを手みやげに帰宅してくれました。そして家族全員で乾杯をしました。夫は始終にこやかでした。

私は「楽しい」とはこういう状態なのだとわかりました。シャンパンを一口飲むと、家族と過ごせる幸せが、体中に広がりました。

Jさんは私たちが開催している研修会への参加がきっかけで、自分を変えることができたと言います。

また、「そのおかげで家族の問題が解決し始めた」とまで話してくれました。そこで具体的にどう「自分を変えたのか」について、掘り下げて聞いてみました。

Ｊさんは「三つのいいこと」について話してくれました。

一つ目は、イメージトレーニングをすること。Ｊさんは「夫がニコニコしながら帰ってくるところ」を何度もイメージトレーニングしたそうです。

これはとてもよい方法です。とくに不幸の渦中にいるわけではなくても人生をより心豊かにするためには、ハッピーな気分になれるような映画などを折に触れて鑑賞するのもよいですね。楽しい気持ちや幸福感、満足感などで満たされている自分をイメージするのがよいでしょう。

二つ目は、感謝をすること。感謝といっても、並大抵のものではありません。Ｊさんいわく「他人から見たら不幸に見えそうなことにこそ、感謝をした」というのです。

不登校や家庭内暴力などマイナスにしか思えない状態の息子さんに対しても、感謝を捧げたそうです。

「息子が生きていてくれるだけで充分いいではないか」と思うようにしたというのです。感謝の気持ちが先立つと、息子さんに殴られたり心ない言葉を投げつけられても、耐えられたと明かしてくれました。

三つ目は、祈ること。これも特徴があります。「〇〇になりますように」と自分の欲を満たすよう祈るのではなく、ひたすら相手のことを祈っていたそうです。

これら「三つのいいこと」を続けてきたら、自然とご主人が家庭に舞い戻り、息子さんとも心が通じ合うようになるなど転機が訪れたというのです。

もちろん、その転機はいろいろな原因から成り立っていたのかもしれません。

ご主人が家庭に戻ってきたのは、大切な息子さんに再び会いたくなったからかもしれません。

心ひかれた女性との関係に飽きたからかもしれません。

その心中は察することはできません。けれども、Ｊさんが「三つのいいこと」を続けたおかげで、ご主人の心がよい方向へと変わったことは紛《まぎ》れもない事実なのです。

物事がうまくいかないとき……。まずは、Ｊさんのように「三つのいいこと」を試してみてください。「三つのいいこと」にある三つすべてに共通するのは、自分も周りも幸せになるのを願っていることです。これは、**聖なるあきらめ**を行うにはとても大事な姿勢です。

不幸と思える中で行うのは、最初からは難しいことも多いかもしれません。でも、少しずつでもいいのでチャレンジしてみましょう。変えられないことを**諦める**ことが、だんだんできるようになります。また、自分の置かれた状況が**明らめ**られ、何をするのがベストなのかを見つけやすくなります。

するとＪさんができたように、周囲の反応が変わり始め、やがて事態は好転することも大いにあるのです。

第3章

聖なるあきらめが導いてくれる穏やかな心

失ったものが大きければ大きいほど人は頑張ることができる

小学生の男の子、Lくんの話です。

Lくんのお母さんはある日突然、家を出て行ってしまいました。

Lくんは、「これからお母さんは、遠くで一人で暮らすことになる」とお父さんから聞かされます。

やがて、お手伝いさんが自宅に通ってくるようになり、家事をしたりごはんを持ってきてくれるようになりました。

Lくんは、お母さんがなぜ自宅を出て行ったのか理由がわかりません。

あるとき、ひょんなことから「お母さんの居場所は、近くの山の上の小屋である」と突き止めたLくんは、一人でそこへ近づきます。

小さい小屋に近づくと鍵こそかかっているものの、中では確かに誰かが暮らしているような生活音がしています。Lくんはお母さんに会いたい一心で、玄関先で声を張り上げます。

「ママ、ママ！　僕だよ。ママに会いたくてやってきたよ。扉を開けて！」

けれども扉はピクリともしません。

「ママ、そこにいるでしょう？　どうして開けてくれないの？　どうして会ってくれないの？」

数十分も経ったころでしょうか。叫び続けるLくんの声が近隣の迷惑になることを心配したのか、小屋の中からお母さんが返事を返してくれたのです。

けれども、それは信じられないような冷たく心ない言葉でした。

「うるさい、黙れ！」「とっとと帰れ！」「消えろ、バカ坊主！」

Lくんは衝撃を受けます。鬼のような恐ろしい罵声《ばせい》は、紛れもなく愛するお母さんの声なのです。

彼は泣きながら自宅に帰ります。それからLくんは時間を見つけては、この小屋の前へと通うようになりました。数カ月もの間、Lくんはお母さんがいると思《おぼ》しき小屋へと通い続けます。

お手伝いさんはLくんのその行動に気づきますが、とくに止めることはしませんでした。

しかしLくんが何度小屋を訪れても、お母さんは絶対に扉を開けてはくれません。あるときなどは、窓から手だけ出したお母さんに石を投げつけられたこともありました。

(あの手は、絶対にお母さんの手だ。なぜ、顔を見せてくれないのだろう？　なぜ、いつも怒っているのだろう？　なぜ、僕は邪魔者《じゃまもの》扱いをされるのだろう？)

幼いJくんの心の中で、疑問は大きくなるばかりです。

けれども、お手伝いさんやお父さんにお母さんのことを聞いても、何も教えてもらえません。

お母さんが家を出てから1年余りが経ったころ。Lくんはお父さんから、「お母さんは亡くなった」と聞かされます。しかし、お母さんのお葬式などに参列することはありませんでした。

それから月日が流れ、10年も経ったころでしょうか。小学生だったLくんは高校生となり、誰の手にも負えないような不良少年となっていました。

ある日、街で遊んでいたLくんは、昔お世話になったお手伝いさんとばったり再会します。久しぶりに会うお手伝いさんはかなり年をとって見えました。お手伝いさんはLくんに偶然会えたことをとても喜び、強面《こわもて》で突っ張った雰囲気の彼にちっとも臆することなく当時の思い出を話し始めました。

「幼いあんたは、本当につらいときを過ごしたね。あんたのお母さんは結核だったんだよ。結核は近くにいる人に簡単にうつってしまう。そして結核になったら死んでしまうんだ。

だからお母さんは心を鬼にして、かわいい息子を自分から必死に遠ざけていたんだよ。『甘い声を出すと、子どもは近くへ寄って来たがるに違いない』。そう思って、わざと冷たくあんたに邪険《じゃけん》にしたんだよ。

あんたもつらかったけれど、お母さんもどんなにつらかっただろうね……」

涙ぐみながらに話すお手伝いさんの言葉を聞いて、Lくんは初めてすべてを**明らめる（真実を知る、理解する）**ことができたのです。

長年の心のわだかまりが、一瞬でパァッととけていくようでした。そしてLくんの心は、ガラリと一転するのです。

不可解な仕打ちをされて、何も言い遺さずに自分をまるで無視するかのようにこの世を去っていったお母さん。けれども「本当は、自分に愛情を注ぎ続けてくれていたのだ」と気づき、母の愛を理解することができたのです。

それからのLくんは、まるで人が変わったように更生していきます。不良行為から足を洗いきれいに悪行をやめ、高校も卒業し勤め人として働き始めるに至ります。そして数年後、なんと彼は小さいながらも「社会のお役に立ちたい」と事業を起こして、「社員を大事にする」と評判のいい経営者になったのです。

Lくんはなぜ、別人のように生まれ変わることができたのでしょうか。

実は人間には「欠けているものを補おうとする欲求」があります。

Lくんは、「冷たかった母親が、実は自分のことを愛してくれていたのだ」という事実を**明らめる（知る）**ことができました。そして、自信を取り戻しました。

すると「母親のような不幸を、誰にも味わってほしくない」と願うようになっていきます。そして「不幸な人を、幸せにしたい」という気持ちが大きくなって、それが生きる動機となり事業を始めることへとつながっていったのです。

「そんなよくできた話があるものか」、このお話を疑わしく感じる人もいるかもしれませんね。けれども、これは真実の話です。

Lくん（以降Lさん）についての後日談を、ご紹介しておきましょう。

順調に見えたLさんの会社ですが、あるとき事業が立ち行かなくなり、倒産に追い込まれたことがあります。社員たちを解雇しなければならなくなったので、Lさんは手持ちの全財産をできるだけ社員に分配をしてから会社をたたみました。「欠けているものを補おうとする欲求」が、彼をそうさせたのでしょう。

そのようなLさんの姿勢に感動したのは、社員たちです。全員が涙ながらに感謝をしながら、会社を去っていきました。

「また頑張ってください。社長が再び会社をつくったらすぐに馳せ参じます。私たちはすぐにやめられるような仕事を選んで待っていますから」

2年後、Lさんは会社を立ち直らせることに成功しました。すると、その話を聞きつけたかつての社員たち16人全員が、一斉にLさんのもとに集まってきたのです。

なぜ、Lさんが会社を再建できたのでしょうか。私がたずねると、彼はこう答えてくれました。

「私の頭の中は、いつも亡き母のことでいっぱいなのですよ。結核だった母のつらさや温かさ、それらに思いを馳せることで、私はどんなにつらいときでも頑張ることができるのです」

このように事実を**明らめる（知る）**ことに成功してから、Lさんはよりよい選択を重ね続けています。

「お母さんを喜ばせたり、優しくすることはもうできない」と**諦める（覚悟をする）**けど、「せめて他の人を喜ばせていこう、優しく接していこう」とパワーが湧いてくるのでしょう。

これも**聖なるあきらめ**の一つです。

あきらめることと逃げることは、同じではない

「**あきらめる**」という言葉からは、消極的な姿勢を思い浮かべる人が多いようです。理由として、「断念する」さらには「逃げる」というニュアンスがついて回るからだと聞きます。

けれども**聖なるあきらめ**は、それとは正反対のスタンスをとります。「逃げる」どころか「現実を受け止める」からです。これが、自分の成長のために理想に向かって、最善の道を選び取っていくことにつながるのです。

たとえば糖尿病と診断された人は、甘いものが好きであっても多少は控えたり糖質制限に取り組んだりすることでしょう。

それはつらいことに違いありませんが、「甘いものを控えることが、自分の体を

守ること」につながる」と**明らめる**（**現実を理解する**）と、甘いものを口にするのを**諦め**ざるをえないはずです。

そして病気を少しでも早く治すために、食事や生活習慣を変える（最善の道を選ぶ）。それは**聖なるあきらめ**にほかなりません。

聖なるあきらめには、苦しい作業が伴うことも多いかもしれません。ですが「今の自分の人生の目的とは何か」「自分にとっての幸せは何か」を徹底的に見つめ直すと、努力するモチベーションが上がって努力のつらさも乗り越えられるでしょう。「人生の目的」や「自分にとっての幸せ」に、1ミリずつでも近づくこと。また、どうすれば近づくことができるのかを考え続けること。それが**聖なるあきらめ**です。「**あきらめる**」という言葉が持つ積極性を、今こそ見直していきませんか。

人は矛盾《むじゅん》の中に生きていることを知る

健康そのもののMさんのお話です。

Mさんは田舎の小さな村の農家で、丈夫な男の子として大事に育てられました。いつも田畑で働く両親は、「空からの恵みと大地からとれる食べ物が、人間にとっては一番ありがたいものだ」とよく口にしていました。両親は、雨が降れば「作物が喜ぶ」と目を輝かせ、日が照れば「作物が大きくなる」と喜びました。また、畑からとった野菜をすぐ食べるのが、一番おいしいということも教えてくれました。

そんな両親のもとで育ったKさんは、大人になって製薬会社に就職し、営業に回ります。Mさんは訪問先でいろいろな薬をすすめます。しかしそのたびに、梅干しだけ食べて病気を治していた父や母のことをよく思い出していたのです。

営業の成績を上げるため、得意先を回って、いかに薬を飲むことがよいかを一生懸命に説明しました。でも、心の底では薬に対する不信感が渦巻いていました。販売の成績が上がるたびに上司に認められるのですが、その一方で、心は暗く沈んでいました。つい薬害を考えてしまい、つらくなるのです。心の中が分裂していました。

人は本来、自分の価値観をできるだけ曲げずに楽しみながら働くことが一番幸せなのです。心の中に矛盾を抱えないほうがいいに決まっています。でもいつも、そうできるとも限りません。

環境を変えず、矛盾を抱えたまま過ごし続ける場合……。「私は矛盾の中に生きているのだな」ということに気づきつつ、自分を責めないことが大切です。また、人や組織や社会全体に責任を転嫁することもよくありません。つまり、誰かに責任を押しつけるのを**諦め**ましょう。

また、「痛みを抱え続けさせる」矛盾から逃れるのも潔く**諦め**ましょう。

なぜなら、人とはこのような矛盾を抱えて生きざるをえないこともあるからです。

矛盾がつきものの経済活動を通じてしか人は生きられず、自分一人の命さえ守ることはできないのです。

でも、「私は今、こういう状況に置かれているけれど、その中で少しでもよいことができないか?」「誰かのお役に立てないか?」と考え続けることが大切です。引き裂かれるような気持ちを理解してくれそうな人に相談することもよいことです。明確なアドバイスに出会うこともありますが、それが必ずあると思うことは**諦めましょう**。ただ黙って聞いてもらうだけでも、心の苦しみは癒《いや》されていくからです。その結果、自分で解決してゆく力を出せるのです。

私はMさんの話を聞いて、アウシュビッツ強制収容所のナチスドイツ兵を思いました。ナチスドイツ兵の中には、人を殺すことにためらいを感じる人もいたはずです。

でも、上官からの命令にもし背いたとしたら自分が殺されてしまいます。だから、自分の良心に反したことであっても、命令には従わざるをえないわけです。
これほど極端でないにしても、自分の価値観に合わないが故の矛盾を抱えて生きることを課せられる人もいます。どんなに苦しいことでしょう。

聖書にはこのような言葉もあります。
「疲れた者、重荷を負う者は、だれでもわたしのもとに来なさい。休ませてあげよう」(マタイによる福音書11章28節『新共同訳 小型聖書』日本聖書協会)
キリスト教とは、「たとえあなたが苦しい矛盾を抱えていたとしても、まっとうに生き繋ぐ力を与え続けましょう」と約束してくださるキリストへの信仰です。
「すべての人の苦しみを担われているキリスト」に苦しい状況を委ね、希望を失わず、勇気を出して正しい道を前進し続けることができるよう祈るわけです。

もし、自分に矛盾を感じたら……。「自分は分裂している」という現状をよく自覚しましょう。すぐに解決できないときは、矛盾している状態を無理やり解消することは**諦めて**、あるがままに受け入れることです。すると、自分で努力できる範囲が**明らめ**られます。あとはそれに向かって努力するのみです。

結局Mさんは研究を重ね、害の少ない薬に特化して会社を守り続け、今は幸せに過ごしていると聞きました。

彼のように大きな矛盾の中にあっても、できる限り「最善の道」を選択しながら歩んでいく。白黒（善悪）をはっきりさせにくいことを、モヤモヤしながらも受け入れていく。

それは、ある意味とても人間らしい生き方ではないかとさえ感じます。

世の中には、100%自分の思い通りになることなんてありえません。

全部を解決することは難しいかもしれませんが、それは**諦めて**「できることだけでも解決する」ということを知って、希望を見出してみませんか。

それが**聖なるあきらめ**の本当の意味です。

聖なるあきらめは、人間の成熟につながる

「リビング・ウィル」をご存じでしょうか。リビング・ウィルとは、自分の終末期をどう迎えたいかを、自分の命があるうちにはっきりと意思表示をしておくことです。

「まだ生きているのに、終末期のことだなんて……」と感じる人も多いかもしれません。けれども、リビング・ウィルをあらかじめ「明らかにする」ことは、「生き方を考えること」「よりよく生きること」に直接つながってくるのです。

「明らかにする」とは、本来の「**あきらめる**」という言葉の語源にも通じます。物事を明らかにしておけば、迷うこともなくすんなりと事態を受け入れられる。まさに、**聖なるあきらめ**にほかなりません。

私たち修道女は多くの場合、修道院に入ったときにリビング・ウィルを書きます。

たとえ若くて健康であっても、「死」を見据《みす》えてそれを受け止める覚悟ができるからでしょう。自分でも気づかないうちに**聖なるあきらめ**が働き出し、その後の人生の濃度や密度をぐんと上げてくれる気がします。

私は30代半ばのときにリビング・ウィルを書き、聖心会の日本管区というところで預かってもらっています。臨終のときが近づくと、確認を求められると聞いています。

「過剰に手を尽くすような延命治療は、施さないでください」ということを中心に、臓器提供や献体の希望について書いた覚えがあります。

リビング・ウィルとは、直訳すると「生きる意思」ということです。「今をよりよく生きるために書くもの」と私は理解をしています。

「死は、現実のもの」と受け止めれば腹が据わり、毎日の生き方が自然に整ってくるものです。誕生日や還暦、何かの記念日などの人生の節目に、リビング・ウィルを書くのはとてもよいことです。

死というと重いイメージがつきまとうかもしれませんが、堅苦しく構えず「終末期」という言葉にとらわれすぎないようにしてください。なので、絵を描くなどでもかまいません。

あるセミナーでお話をしたときのことです。「これからどう生きるか」を、絵で表現してもらったことがあります。

参加者の一人、Nさんという女性は「右往左往しながらも、高い山のてっぺんにたどりつく」という絵を描いていました。そして、自身でこのような分析をしていました。

「このように迷いながら進んでいる絵を描いたのは、私が曲がり角にいるということかもしれません。でもその迷いには何か意味があると思っています」

何気なく描いた絵でも、そこからさまざまな気づきが得られるものです。**聖なるあきらめ**をうまく使いながら、自分の心を明らかにしてこれからの人生をますます充実させていきませんか。

期待しすぎなければ失望を防げる

私が教えた大学の卒業生の一人、Oさんが結婚式を挙げる直前のことでした。「結婚式を目前にして、喜びで胸いっぱいだろう」と思いきや、Oさんは落ち着き払った様子です。普段とまるで変わりがないようにも見えました。

Oさんは結婚生活の展望について、こう打ち明けてくれました。

「挙式まであと3日だというのに、ときめきもしません。お相手の男性はごく普通の人です。とくに資産があるわけでもなく風貌も人並みですし……」

「では、なぜあなたは結婚を決めたのですか?」

「彼は誠実で、きちんと自分らしく生きているからです。でも、彼と一緒になるからといって、特別うれしいとかワクワクする気持ちは湧いてこないのです」

「では、結婚はやめますか?」

「いいえ、やめません。あの人はとても誠実な人だと思いました。だから一緒になることで、私も誠実に生きられると思うからです」

その後、Oさんは滞りなく挙式を行い結婚生活に入ります。それからも私とのおつきあいは続きました。

そして結婚から30年経った今、Oさんは60代を迎えました。60代の彼女は昔以上に心穏やかで、幸せそうな家庭の様子がうかがえます。子どもたちにも会ったことがありますが、朗らかでとてもよい感じの若者に育っていました。

私は多くの嫁ぎゆく卒業生たちを見てきましたが、その中でもOさんはとても幸せな結婚をしているように感じます。

60代のOさんは、こう話してもくれました。

「私はもともと、結婚生活に対して大きな夢はありませんでした。結婚相手にも大きな期待はありませんでした。結婚前に大きな夢や期待がなかったから、結婚後に失望などはまったくありませんでした。かえって、よいところが見えてくることが多く、楽しかったです」

つまりOさんは、結婚相手に対して夢見ることや期待しすぎることを潔く**諦めて**いたのです。そして「ゼロからプラスへと築き上げていこう」という考え方を貫いて**明らめた**（**はっきりとさせた**）ため、結婚生活はうまくいったのでしょう。

もちろん結婚生活を夢見ることは否定しませんし、それは普段の生活をとてもワクワクさせてくれます。とはいえ、期待しすぎて落胆する危険もはらんでいます。

実際のところ、有名な人と「セレブ婚」「派手婚」を挙げた女性たちに、離婚率が高いという報道がなされています。

Oさんのように地に足のついたところから結婚生活を始めると、過剰に期待をしていないため、相手の美点や長所が目につき（**明らめられ**）、感謝の気持ちも生まれやすくなります。当然、夫婦仲はよくなる一方です。

Oさんほどではないにしても**聖なるあきらめ**を少しでも働かせることで、多少なりとも起きうる結婚後の失望を和らげることもできるのです。

聖なるあきらめとは正しい選択をすること

「津波や地震などの自然災害に見舞われたとき、人はどうすれば身を守ることができるのでしょう？」

東日本大震災の被災地で生き延びた、漁師のPさんにたずねたことがあります。

Pさんの同僚や知人で帰らなかった方は、たくさんいるそうです。けれどもPさんは生き残ることができました。非常時に明暗を分けるものとは、いったい何でしょうか？

Pさんは、優しくこう教えてくれました。

「私たち人間には、その瞬間ごとにいくつもの身の処し方が示されているものです。そこから、『今、ここでは、これが最善の策である』と思うほうを選び続けていくかねばなりません。その選択を間違えないことがとても大切です。

とはいえ正しく選ぶことなんて、誰にとっても難しい。だからこそ、普段の暮らしでその練習を積み重ねておくことが必要なのです。すると、選択にせまられたときのカンが鋭くなっていきます。

たとえば私の場合、海の近くで干物を毎日つくっています。一口に干物と言っても、魚のさばき方から干し方まで各工程で方法はいくつもあります。魚の形や鮮度を見極めたり、日差しなどの微妙な変化を常に観察し、予想もしないといけないのです。干物づくりは、単に干せばよいというものではありません。また『昨日とまったく同じ』というわけにもいきません。

今まで、『正しく選ぶ』ということを仕事を通してよく意識してきました。そのおかげで、大震災のときも冷静に行動をして生き残れたのかもしれません」

この話を聞いて、私はとても心を打たれました。

確かに、日ごろから「正しく選ぶ」という訓練は必要なことでしょう。そして、若いころに通ったことのある自動車教習所のことを思い出しました。

自動車教習所とは、「正しく選ぶ訓練」をするところにほかなりません。

たとえば信号の変わるタイミングによって、停車すべきかそうでないかは変わってきます。車に乗っている限り、ずっと判断をし続けなければいけません。

つまり車の運転とは、うまく**明らめること**（**状況を正しく把握すること**）の連続なのです。そして**明らめること**に慣れてくれば、徐々に運転はうまくできるようになるものです。

すると、急ぎたいからスピードを出しすぎるなど危険な行為も上手に**諦め**られるようにもなります。

車の運転も、見方を変えれば一つの**聖なるあきらめ**の上に成り立っていると言えるのです。

さらに言えば、私たちは家庭でも「正しく選ぶ訓練」を行うことができます。

なぜなら、どれだけありきたりの1日であったとしても……。「今日はどこへ行くか」「今、何をするか」「家事の順序はどうするか」「食事の献立はどうするか」

暮らしとは、常に選択の連続なのです。暮らしの中で「最善の方法」を選ぶように努力を重ねると、カンはみるみる磨かれるようになります。

そして、自分のカンに自信を持てるように成長ができれば、突然の不幸を恐がりすぎず、毎日を心穏やかに過ごすことができるようになります。

相手の言うことを鵜呑《うの》みにしないのも大事

誰かから言われたことを真正面から受け取って、怒ったり悲しんだりしたことはありませんか。

しかし、他人の言葉は多くの場合、深い考えもなく発せられたものであったり、いいかげんであることが多いとも言われています。自分にとってマイナスに聞こえる言葉で根拠がはっきりしないものは、気にする必要はありません。深刻に受け止めて、自分自身を苦しめないでください。

これは、元高校教諭のQさんに聞いた話です。

あるときQさんは、元教え子に招かれて同窓会に参加しました。会場では、数十年ぶりに会う教え子たちがどんどん声をかけてきてくれました。

「先生、お元気そうですね。お年を重ねられてもお達者そうで何よりです」

「先生、昔とお変わりなく若々しくていらっしゃいますね！」

そうほめてくれる人がいるかと思うと、正反対のことも言われました。

「先生、今日はなんだかお疲れのように見えますが、体調は大丈夫ですか？」

教え子だったRさんに至っては、このような言葉を投げかけてきました。

「先生、いったいどうなさったんですか？　重いご病気のように見えますよ」

Qさんは、驚きました。健康診断で異常が見つかったこともないし、とくに体の不調を感じたこともないし、自分ではとても健康だと思っていたからです。

その後もRさんは、Qさんの健康を気遣う言葉を何度もかけてきました。その表情があまりに真剣だったので、Qさんは自分の体が心配になってきました。

しかし、数カ月後。Qさんは、Rさんががんで亡くなったことを知ります。

同窓会に参加していたRさんは、末期がんであることを隠して参加していたのかもしれません。でも頭の中は、自分のがんのことでいっぱいだった。そしてOさんの顔を見ると、病気のことを口にせずにはおれなかったのではないでしょうか。

病気で苦しい感情を常に抱いている人は、その感情から逃れることが難しくなります。そして、その感情を通して世界を見るようになります。その世界観を、他人にも当てはめて考えようとしてしまうことがあります。悪気がないことも多いのですが、心の中にある感情が、相手にかける言葉に知らず知らずのうちに投影されてしまうのです。

もしあなたに対して、悪口やネガティブなことを直接言ってくる人がいれば、「疲れているのだろうなあ」「自分がそうなのだろうなあ」などと解釈して、うまく聞き流しておきましょう。

これは人間の特徴ですが、自分が話すことで自分自身を表現しようとするものです。さらに言えば、他人の悪口を言うことでその人は自分の心を安らかに保とうとしたり、ちっぽけなプライドを守ろうとしたり、体面をとりつくろうとしていることがあります。

「あの人は怠け者だ」と誰かを批判していたら、そこに隠された意味は「私だって怠けたい」ということ。

「あの人は、○○さんにおべっかばかり使って」と他人をなじっていたら、「自分も○○さんに、よく思われたい」ということ。

このように、人のメッセージには、表面《おもてめん》と裏面が存在するのです。表面は「論理的メッセージ」と呼ばれ、辞書的な意味を持ちます。裏面は「感情的メッセージ」とも言い、言葉を発した人の本音が含まれていることが多くなります。

あくまで推測ですが、Rさんの言葉は表面が「重病に見えます」で、裏面が「先生は私よりずっと年を重ねているのに、なぜ重病じゃないんですか？」かもしれません。

「相手の一言一句にこだわらない姿勢」が、人づきあいをよい形で長続きさせることにつながります。言葉には二面性があることを理解しておけば、何を言われても自分の状況を**明らめる**（**はっきりさせて、冷静に観察する**）ことができるはずです。

また、不安や不快に感じた場合は、相手の言葉への理解を**諦める**ことでスッキリします。**聖なるあきらめ**を使って、相手の言葉に振り回されないようにしましょう。

第4章

あきらめることで自分を見失わなくなる

「ほめられること」をあきらめる

40代女性のSさんが、胸中を明かしてくれました。

「私たち夫婦には小さな子どもが二人いまして、すぐに家中が散らかります。毎日、掃除をしてばかりです。夫は『散らかったままでいいよ』と気にせず、まったく手伝ってくれません。でも、近くに住む姑《しゅうとめ》さんが時々遊びに来るので、片付けないといけないのです。『子どもの面倒を見て、家事もしっかりできるいいお嫁さん』だと、姑さんに思われたいのです」


Sさんの「『よい嫁』と人に思われたい」気持ちはよくわかります。でも、これは本当の幸せといえるのでしょうか。

家族の喜びがあっても、姑さんの評価がなければ幸せだと思っていないのです。このまま一生、姑さんの目をずっと気にし続けなければいけなくなります。Sさん自身は幸せなのでしょうか。

もちろん、そのおかげで家中がきれいなのはいいことです。でも、仕事で疲れているご主人に掃除の手伝いを強要したり、ものを散らかすわが子を叱りつけたり……、家族は幸せなのでしょうか。

もちろん、「掃除をやめなさい」と言うつもりはありません。考え方を変えるだけでいいのです。「家はスッキリときれいにしておいたほうが、家族も姑さんもそして私自身も気持ちのよい時間を過ごせるから、きれいにしておこう」と。

姑さんからの評価ではなく、自分や家族の幸せを目指すわけです。何をもって幸せとするのかをはっきりさせるこの作業こそ**明らめる**ことなのです。

そして、ここでもっとも**諦める**べき執着は、「ほめられたい」という気持ち。

「認められたい」「ほめられたい」という執着は、どんな人にでも死ぬまでありま す。でもその執着にこだわりすぎると、いつしか「ほめられること」や「認められること」に依存するようになり、自分自身の本当の気持ちを殺すことになってしまいます。

誰だって、一度ほめられれば「もっとほめられたい」と願うようになります。つまり、「ほめられること」には中毒性があるのです。それが行動の原動力になることがあります。でも、ほめられなかったときの落胆は大きなものになり、不幸の引き金となってしまいます。

姑さんへのおもてなしが、自分の中でたとえ30%しかできなかったとしても。「一生懸命やったから、これでいい」と思えるようになりましょう。それが**聖なるあきらめ**です。自分を責めたり、「なぜ30%しかできなかったのか」と葛藤《かっとう》していると、苦しくなるばかりです。

聖なるあきらめを通して自分の内面を整える。すると、きっとSさんの心には平安が訪れ、笑顔が戻ってくるはずです。その輝くような笑顔は、子どもさんやご主人の心まできっと明るくすることでしょう。

「人から何かをしてもらうこと」をあきらめる

私の知人、素敵なTさんの話をさせてください。

Tさんは、カードを出すのが大好きな女性です。年賀状や暑中見舞いなどの時候の挨拶はもちろん、誕生日などの記念日には必ずカードを贈ってきてくれます。

それどころか、とくにイベントなどがないときでも「お風邪を召されてはいませんか」などと気の利《き》いたカードをくれるのです。

なぜ彼女はカードをくれるのか、聞いてみたことがあります。

「どうして、そんなにカードを出すことができるの？　返事が来ないときだってあるでしょう？　イヤにならない？」

「いいの。だって、自分がカードを出せるということがうれしいから」

Tさんは、人からの見返りをまったく期待せずに、大きな表現をすれば「無償《むしょう》の愛」を注いでいるのです。

彼女の喜びのものさしは「人からお礼を言われること」ではなく、「人のために何かをできる自分であること」なのです。

無償の愛までいかなくても、誰かからお礼を言われたり受け取ったりしたいと思うのであれば、お礼を**諦める**ことから始めてみませんか。お礼がなくても、ストレスはたまらなくなりますから。少し時間がかかるかもしれませんが、徐々に慣れてくると思いますよ。

一方、Uさんという女性には、このような相談を持ちかけられたことがあります。

「家族の世話を繰り返すだけの日々に飽き飽きしています。どうすれば、この退屈さから逃れられるでしょうか？」

私はこうお伝えしました。

「何か、人のためになることをしてみましょう。人から何かをしてもらうことを待つのではなく、何の見返りや報いも求めずに行動してみてください」

Uさんは困ったような顔をしています。

「見返りや報いを求めない行動とは、ボランティアのようなことでしょうか？」

「そんなに立派なことでなくてもかまいません。たとえば、すれ違った人に笑顔で挨拶をしたり、スーパーのレジで急いでいるような人がいたら、先に行かせてあげたり。家族によい言葉をかけるだけでもよいのです」

Uさんは、「それなら私にもできそうです」と納得してくれました。

厳しい言い方に聞こえるかもしれませんが、「退屈している人」というのは「怠け者である」と言えます。なぜなら、自分から周囲の「いいことを見つけ出す」努力をしていないことになるからです。

また、そういう人は誰かに「得させてもらおう」「楽しませてもらおう」とだけ考え、怠惰《たいだ》に待ち構えているのです。そんな姿勢では、心から感謝されることはなかなかありません。

Uさんを見ていると「いいことを見つけ出す（**明らめる**）」というのは、慣れていない人にとっては難しいことなのだろうと思わされます。でも、ちょっとした練習ですぐにできるようになるので、ぜひ次のことを習慣にしてみてください。

まず、朝起きたら。布団から出る前に、「自分にとってありがたいこと」を10個思い浮かべてみてください。

夜、眠る前には。布団の中で、「今日起こったよいこと」を10個思い浮かべてみてください。どちらも、特別なことでなくてかまいません。

たとえば朝の場合。

「今朝も、無事に目覚めることができました。ありがとうございます」

「今日も、ごはんを食べることができます。ありがとうございます」

「今日は、やるべき用事があります。ありがとうございます」

これくらいハードルを下げてから、周囲を見渡してみると、10個くらいあっという間に「よいこと」は浮かんでくるはずです。

大切なことは、朝も夜も「うとうとしている瞬間」に行うことです。「うとうとしている瞬間」によいことを思うと、潜在意識に感謝の念が入っていきやすいのです。

また、あたりまえのことを感謝する習慣をつけておくと、さまざまなことに**聖なるあきらめ**が作用します。自分が、いかに多くの恵みを受け取っているかに気づいて、見返りへの執着を手放しやすくなるからです。

「感謝上手は、**あきらめ上手**」とも言えるのです。

「見返り」をあきらめる

生きていく上で「相手からの見返りを**諦める**」という姿勢は大切です。見返りを求め始めると、自分をかえって苦しめることになるからです。

心優しいVさんの例をお話ししてみましょう。

ある日、Vさんのもとに「倒産しそうだから、100万円を貸してくださいませんか」と、小さな会社を経営するWさんが訪ねて来ました。

一般的に、お金を貸しても戻らないことは多く、その後の人間関係にヒビが入ることは珍しくありません。Vさんは最初、「父からお金を貸してはいけないと教えられた」と、キッパリと断りました。でも合計で10万円ほどをかき集めて、「返さなくてよいので、これで頑張ってください」とWさんに渡しました。

それから数年後。Wさんの会社は見事に立ち直り、人を呼んで盛大にお祝いの会を開きます。

風の噂で、それを知ったVさんは驚きます。なぜなら、VさんはWさんを金銭的に援助してあげたはずなのにその会に招かれなかったからです。それどころか、Wさんからお礼状や時候の挨拶状などを受け取ったこともありません。

そのとき、温和なVさんに「あんなにしてあげたのに、お礼もないなんて！」という感情が、初めて湧いてきたのです。10万円をかき集めるのはいくら善意からの行動とはいえ、当時のVさんにとって決して楽なことではありませんでした。

「なぜ、私がお祝いの会に招かれないのか」

あまりの理不尽さにVさんは怒りの気持ちすら覚えます。

私はTさんに、こう伝えました。

「Wさんを悪く思って自分の心を乱す代わりに、Wさんに対する期待なんて消してしまいませんか。『Wさんは、感謝の気持ちを表そうとしない』という事実を受け入れて、『お礼を言ってくれるのではないか』という期待なんて、さっさと手放してしまいましょう。そして『あのとき10万円を渡す親切ができて、うれしかった』と、喜びを感じていきましょう。自分に感謝したり自分に自信を持てば、幸せをかみしめることができますよ」

このように、人への期待は自分自身をひどく苦しめます。自分を痛めつけないためには、相手への期待そのものを**諦める**しかありません。

でもそれは、自分の感情を操ろうとすることだからとても難しいことです。私も長い間生きてきてそれなりに訓練をしてきたつもりですが、「期待を**諦める**」ということはなかなか大変な作業です。

そんなときに、よい方法があります。

「ありがとう」と声に出してみてください。

「ありがとう」は、魔法の言葉です。

たとえばVさんの場合。

「私に親切をさせてくれたWさん、ありがとう」

これだけでよいのです。大切なことは「口に出して、自分の耳で自分の声を聞くこと」です。

それには、脳の仕組みが関係しています。心の中が怒りの気持ちでいっぱいのときに「ありがとう」という感謝の言葉を耳にすると、脳は最初混乱します。脳は、感情と口にした言葉が食い違っていると大きなストレスを感じ、どちらかにすり合わせようとします。

しかし、「ありがとう」という言葉を何度も口にすればするほど、その言葉に感情を合わせざるをえなくなってきます。脳の仕組みとして、感情は聴覚に従いやすくなっているのです。

たとえ「Wさんはひどい人だ」「Wさんにひどい仕打ちをされた」と怒りの感情でいっぱいでも、「Wさんありがとう」と繰り返していると、脳はだまされて少し受け入れにくいことでも素直にそう思えるようになっていきます。脳はうまく〝カン違い〟させることができるのです。

このように脳の仕組みを知っていれば**聖なるあきらめ**は、ぐんと身近で簡単なものになります。

私たちは、誰一人として聖人君子ではありません。他人に勝手に期待をしたり、一方的に誰かを恨んでしまうことだって避けられません。

せめて**聖なるあきらめ**で、そのような感情はうまく手放していきましょう。それが、人の気持ちを素直に受け止めたり相手を許すことにもつながります。

ほどほどを目指すのがちょうどよい

「私は正直なところ、親の介護から逃げたいと願っています。仕事に支障が出てしまうからです。親には申し訳ないけれど、施設に入ってもらおうかと考えています。私は冷たい息子なのでしょうか？」

このような相談をいただくことがありました。

「親の世話をしたい気持ちはあるけれども、自分の時間を削られては困る」というジレンマが透けて見えるようです。とくに男性の場合は、一家の大黒柱である上に働き盛りの年代であることが多く悩ましいものです。

いったいどうすればよいのでしょう。

親に介護が必要になったとき。

「親にとっても、自分自身にとっても100％の満足はない」、まずそう**明らめて**

認識してください。

なぜなら、親子といえども利害が衝突することは必ずあり、双方に100%の「最善の道」が開けていることはめったにないからです。

冷たく聞こえるかもしれませんが、「親にも自分にも、ある程度の負担は生じるはず」と最初から**諦めて**期待をしないことが大切です。

もちろん誰だって、常に「最善の道を選びたい」と願うのが人情です。そして、その向上心は成長のために必要な欲求でもあります。

けれども、どんなにお金や時間に余裕があったりやる気にあふれているという人でも、限界はつきまとうものです。

たとえば、老人ホームへ親に入所してもらうというケースについて考えてみましょう。

「うちの親は、このエリアで一番いい老人ホームに入所してもらおう」

そんな思いで資金を潤沢に用意していたとしても、希望の施設が満員で入れない可能性だってゼロではありません。ここでも**諦める**姿勢が必要です。だから現実的な条件の中で、自分も他の誰かをも犠牲にしない道を選んでいくべきです。

「自分を犠牲にしない」という姿勢はとても大切です。なぜなら、どんなによいことをしたとしても自分への負荷が大きかった場合、あとで必ず怒りがふつふつと湧いてくるものだからです。

また、「理想の老人ホーム」の条件を挙げ始めると、山のように出てくるかもしれません。

「自宅の近くでないと困る」「個室はうんと広い施設がいい」「なるべく新しい施設がいい」「ごはんがおいしいところでないとダメ」……。

でも、これらの理想を全部叶えることは、最初から**諦めて**おきましょう。

なにごとも「すべてがうまくいくわけがない」というこの世の真理を、**明らめる**（**わきまえる**）べきです。そして老人ホームの候補を絞り、入所先を決めることができたら。

「このホームは、他の施設に比べてスタッフが無愛想だ」などと減点法で見るのではなく、「庭に花壇があって、よい雰囲気だった」というように加点法で見ていきましょう。そして、「老人ホーム探しは、やれるだけやった」と自分の頑張りを認めて、**心**を満足させることが大事です。

老人ホームへ親に入所してもらったら。

親はその日から、1日の大部分を一人個室で過ごすことになります。

「離れたところにいる親に、温かさを伝えること」に力を注いでいきたいものです。「いざ離れるとさみしい」「心配でならない」などと感情に流されてソワソワするのではなく、知恵を使い今の自分にできる「最善の道」を選んでいきましょう。それが**聖なるあきらめ**です。

私が聞いた、温かさを伝える二つの方法をお伝えしましょう。

Xさんは、老人ホームにいる親にシニア向けの携帯電話を持ってもらおうと手続きして、その使い方をゼロから教えて毎日のようにメールを送信し続けたそうです。

「おはよう。昨晩はよく眠れた?」

「今日はよい天気で気持ちがいいね。調子はどう?」

「私たちは食事のとき、いつもお母さんのことを話しているよ」

このように、たった一文のシンプルなメールだったそうです。

けれども、Xさんのお母さんはメールのやりとりをとても楽しみながら、心穏やかにホームで最期まで過ごされたそうです。

この話を聞いてよくわかるのは、離れたところにいる親に愛情を送り続ける大切さです。ホームに入所した親にとって一番恐いのは「家族から見捨てられること」なのです。どんなに物質的に恵まれた環境にいても、家族から邪険にされれば、幸せであるとは言えません。

Yさんは、老人ホームにいるお父さんを見舞うたびに、千円札をお小遣いとして渡していたそうです。

「頻繁《ひんぱん》に1万円札を渡してあげることは、私には少し難しい。けれども千円札であれば、月に数回なら工面することができます。親父は認知症になっていました。だから『千円札をたった1枚?』と疑問に感じることもなく、『少ない!』と怒ることもなく、純粋に『ありがとう、ありがとう』とまるで子どものように大喜びしてくれたのです。父の笑顔に、私の心は何度も熱くなったものです」

このように、老人ホームに介護をお任せするにしても、そのあとに**聖なるあきらめ**で「最善の道」を選んでいくことができれば、自分を責めすぎることはありません。

具体的には、「最善の道」とは次のようなことです。

まず親を喜ばせることを徹底して考え、それを実行し続けること。

親と実際に面会する時間は、昔の思い出話など「いいこと」を選んで話題にすること。

家に戻って、親のことがふと心配になったら、面会時に話した「いいこと」だけを思い出すようにすること。

施設の職員さんたちには、心を込めて丁寧に挨拶やお礼の言葉を伝えて感謝の気持ちを表しておくこと。

自分なりの親の介護の方法を、**聖なるあきらめ**で選び取って、幸せの青写真を無理なく描いていきましょう。

「子どものために」「親のために」をあきらめる

あるときZさんから、子育てについての相談を受けたことがあります。息子さんが反抗期になったとき。Zさんにこう言いに来たというのです。

「お母さん、僕、反抗期に入ったみたい」

そこで、私はZさんに「家族会議」を開くことをすすめました。家族会議とは、月に一度だけ「何を言ってもよい」という場です。誰でも本音を話していい。誰が何を言っても、怒ったり叱ったりはしない。そんなルールの会議です。

たとえばお母さんが「もう毎日退屈でイヤになっちゃった」「姑さんと暮らすのは耐えられない」などと本音をぶちまけてもいいのです。そこから建設的な対話を重ねて、解決策を探っていくことが目的だからです。

もし、わが子が「中学受験をしたくない」と言ったら。親は説得を**諦めて**ください。まず、「そうか、そうか」と認めましょう。そして、相手の気持ちを引き出していくのです。わが子が口を開かなければ、さまざまな問いで気持ちを引き出すことも必要です。

「あなたは受験をしたくないのね？」

「受験をやめようか」

「〇〇校には行かないのだね」

さまざまな角度から話を聞いていると、本音が浮き彫りになってくる（**明らめられる**）こともあります。

本当は、「志望校に行きたくてたまらないけれども、通っている塾のテストがプレッシャーになっているのだな」などとわかってくるかもしれません。そうすれば「塾を変える」「家計は苦しくなるが、家庭教師を頼む」など、新たな選択肢も見えてくるはずです。

この会議では「発言者を否定するのを**諦める**」が何より大切なルールです。人は否定をされると、それだけで拒まれたように感じてしまうからです。

「相手を否定しない」という姿勢は、「傾聴《けいちょう》」というカウンセリングの技術を参考にしています。私はこの技術をアメリカで学びました。傾聴の目的は交渉や説得などではなく、あくまで相手を理解することにあります。姿勢や表情など言葉以外にも注意をして相手を理解し、表面的な言葉の裏にある感情まで受け止めて、共感を示す。そうすれば、どんな相手も心を開いてくれるようになります。

私はZさんに、親子関係における**聖なるあきらめ**の大切さについても、お話ししました。とくに**諦める**べきは、子どもに対する親の強い期待。その期待があまりに大きい場合、親子関係にひずみが生まれることもありますから。たとえば……。

「充分勉強させて、立派な学歴をつけさせなければいけない」

「よい会社に就職してもらわなければいけない」

これでは、自分の夢をわが子に押しつけているにすぎません。子どもをまるで自分の体の続きであるように感じて、思い通りに動かして親自身が「ほめられたい」と思っているのです。

とはいえ、「充分な勉強」や「立派な就職」を子どもに期待することはあたりまえの親心です。

そこで、その執着を生み出すエネルギーを親が自分自身の教育という別の方面に持っていけばいいのです。すると、子どもは放っておいてもいい子に育ちます。親が新聞や本を常に目にしていれば、子どもだって本に親しむはずです。家族の気持ちを尊重するような態度や話し方をしていれば、子どもだって自然にそうなります。

引きこもりや暴力、うつ病など心の病気。若い人たちの世界にもさまざまな問題があります。そういう問題がわが子に起こったら、「自分の今の生き方はどうだろうか」と見直してみてください。自分自身の落ち度に気づくことがあるはずです。

つまり、昔から言われている通り、子どもの姿は親の姿を映し出す鏡なのです。

親自身の気持ちが、矛盾を抱えて分裂していたり、あることに執着しすぎていたりすると、子どもにもそのひずみが影響します。親は「子どものために○○をしなければ」とあせるより、自分自身の心に目を向けていれば自動的にきちんと育つものなのです。

もちろん、親として絶対に叱らなければいけないときはあります。わが子が、自身や他人を傷つけそうになったとき。反社会的な行動をとろうとしたときなどです。

これらの原則さえ押さえていれば、ささいな問題については大らかに構えていていて大丈夫です。

そして「人の目からどう見られるか」ということに、焦点を置きすぎないことです。

「この子はこの子でいい子なんだ」
「この子は、神様から預からせてもらった子なんだ」
常にそう感じていてあげてください。

親子関係にまつわる悩みは、残念ながらずっとつきまとうものです。あるときは親の立場として、またあるときは子どもの立場として、問題にぶつかることも多いでしょう。

そのようなときはぜひ、**聖なるあきらめ**を思い出してください。

「子どもを自分の思い通りにしたい」と思うのをあきらめる

これは、隆《たかし》くんという高校生とそのお母さんに聞いたお話です。隆くんのお母さんは、過去に離婚をしています。

隆くんは数カ月間、不登校を続けています。「明日学校を休むと、高校2年生に進級できない」、そんな崖っぷちのある日のことです。

「明日は、6時半に起きてもらうわよ」

そうお母さんが言っても、隆くんは返事をせずテレビゲームに夢中でした。

翌朝、隆くんはお母さんの声で起こされます。隆くんは布団から両腕を出し、すぐ起きるようなそぶりをして見せました。けれども、再び眠ってしまいました。

すると再び、お母さんの金切声《かなきりごえ》で起こされました。

「早く起きなさい。もうギリギリよ!!」

まどろんでいた隆くんにイライラが湧き起こり、彼は大声で怒鳴り返します。

「せっかく起きようと思っていたのに。やかましく言われたら、余計起きられなくなるだろう！」

彼は自分の声で眠気が飛んでしまい、それがまた腹立たしくてふて寝を決め込むことにします。


数分後、予想通りにお母さんが部屋へと入ってきました。するとお母さんは何も言わず、怒りもせず、隆くんのベッドの脇に寄りかかり座り込みました。そして、黙り込んだままじっとしています。隆くんが不思議に思った瞬間、お母さんは弱々しい声で話し始めました。それは、自分自身に言い聞かせているようでした。

「私は今まで、あなたがちゃんと学校へ行くことを願って頑張ってきた。高校を卒業して、できれば大学まで行ってほしいと願ってきた。でも今朝のあなたを見て、私ははっきりとわかったわ。みんな『あなたのため』と思い込んでいたけれど、あなたに期待していたことはすべて私の欲だったのね」

そして、隆くんの知らなかった、離婚した父親についてのことも、お母さんは話し始めました。

「お父さんは、自分の母親といつも一緒にいたい人だった。あなたのおばあさんとお父さんの間に、私の居場所なんてなかったのよ。だから、あなたが小学校へ入る前に、私はあなたと一緒にあの家を出ることにした。決して豊かじゃなかったけれど、私の働きだけで二人でのびのびと暮らせる毎日は天国みたいだった。そして、『息子を引き取っていい』という条件で離婚できることになった。私はありがたくてたまらなかった」

お母さんは、なおも話を続けます。

「私はきっと、あなたを一人前に育てあげることで、あの家の人たちを見返したかったのね。だから、あなたに人一倍、『こうしなさい』『あれはしてはダメ』などと言いすぎてしまったのでしょう。でもあなたは、私の要求に一生懸命応えてくれた。

小学生のときは、ずっと優等生だったわよね。でもきっと、もう限界なんでしょう。一人の人間になるには、親の言いなりではダメだものね。今朝、あなたが学校へは行かない、もう進級はできないとわかったわ。お母さんはもう、頭を殴られたような気分なの。もう、キッパリと**諦めるわ**」

隆くんはだんだんとつらくなり、起き上がって話をしようと思いました。しかし体がなかなか動いてくれないのです。

「私はやっと自分の欲に気づいたわ。あなたを『思い通りにしたい』という恐ろしい欲。でもあなたを思い通りにすることは、私があんなに反発していた〝おばあさんやお父さん〟と同じ立場になってしまう。そんなことは繰り返したくない。そう思ったら、あなたを受け止める覚悟ができた」

そして、おばあさんがどんな人だったのかも、話し始めました。

「おばあさんは大家族に嫁《とつ》いだけど、おじいさんは仕事ばかりで家庭やおばあさんには一切目を向けない人だった。だからきっと、おばあさんはさみしくて、お父さんを育てることにやっきになった。そしてお父さんも、その愛情に応えようとした。私は不幸な関係を、あなたにも押しつけるところだった。でも、あなたが自分を生かす道を選んでくれたから、私は間違いに気づいて同じことを繰り返さずに済んだ。あなたは無意識のうちに、私に自分らしく生きるように教えてくれた。あなたが不登校になったのは、私に自分らしく生きることを促してくれるもっともよい方法だったのね」


お母さんはそう言うと、隆くんの布団をはぎ取りました。それはすごい力でした。驚いた隆くんは体中から力が抜けて、思わずニコッとほほえんでしまいました。

「さあ、新しい1日が始まるわよ。あなたは自分らしく生きなさい。好きなようにしなさい。学校に行かなければ、なんてもう言わないわ。私もこれから、自分で選んだ仕事を生きがいにしていくから」

隆くんはこの言葉を聞いたとき、ふっきれたような気持ちになりました。そして、飛び起きると、大声で笑い出しました。

「おふくろの言っていることは、全然わからないよ！」

隆くんはそう言い残すと、制服に着替えかばんを手に取り、あわてて家を飛び出しました。学校への道すがら、なぜだか涙が止まらず頬《ほお》を伝います。校門にたどりついた瞬間、隆くんは胸にさっと風が吹き抜けたように感じたのでした。

私は、隆くん親子の話を聞いて、二人の**諦め**について考えさせられました。

お母さんは、「隆くんが学校に行くこと」を**諦めた。**

隆くんはそれに影響されて「意地を張って登校拒否を続けること」を**諦めた。**つまり、お母さんは想像すらしていなかったかもしれませんが、**聖なるあきらめ**によって隆くんの**諦め**もめいっぱい引き出されたのです。これは、二人がそれぞれすべきことを**明らめた**とも言えそうです。

聖なるあきらめは、ときとして相手の心の奥深いところに届いて、相手の**聖なるあきらめ**を引き出すこともあるのです。

たとえ健康でなくても、幸せに生きられる

今は、健康にまつわる情報があふれています。健康に対する意識も、皆さん一様に高くなっています。

もちろん自分自身や家族などの体をケアして、病気を遠ざけるために努力するのは立派な心がけです。でも、健康志向が行きすぎている人にお目にかかり、心配になることもあります。

40代女性のａさんは健康食品に凝《こ》っていて、数種類のサプリメントを飲んだり、体によいと言われる食材を買い続けています。

「私の食へのこだわりのせいで、夫や知人、友人たちと一緒に食事を楽しめなくなってきました。また、健康のためにどんどんお金を使ってしまって貯蓄があまりできていません」

ａさんから、そのような悩みを相談されたことがあります。

ａさんは、体にできるだけよい食べ物をとることで、健康で長生きすることを目指していました。そして、普段の暮らしを楽しむことよりも、「長生きのため」に努力をすることが大切になっていたのです。

私はａさんに、「長生き」に執着しすぎているのではないかと話しました。そして、「その執着を手放すと、気持ちがスッキリしますよ」と助言しました。

とはいえ、執着を手放すことはなかなか難しいものです。そこで頼りになるのが**聖なるあきらめ**。普段から**聖なるあきらめ**をする力を鍛える訓練をしましょう。

たとえば、健康食品や体によい食材がうまく手に入らない場合。イライラするのではなく**諦める**。そのような小さな**諦め**を日々積み重ねていけば、大きな執着もいつの間にか手放していけることでしょう。

また、これは少し荒療治《あらりょうじ》になりますが、憧れの地などに旅することも有益です。旅先にまで健康食品を持参してきちんととるのは、手間がかかります。また、外食や宿の食事で使われる食材にまで注意を払うのは、ちょっと難しいことでしょう。

つまり旅に出ると、さまざまな健康にまつわる執着を手放さざるをえない環境に追い込まれるのです。もちろん、「健康から遠ざかってしまう」というストレスにさらされるかもしれません。しかし、旅先で得られる楽しさや幸福感に比べたらそれはちっぽけな問題にすぎません。

「4日間、出されたものを食べて健康食品を摂るのもサボってしまったけれども、体調は崩れていないわ」と発見できるかもしれません。


これは極端な方法ですが、健康志向を気が済むまで徹底してみることも一案です。人は、とことん物事を徹底し情熱を注ぎ込むと、あるとき凧《たこ》の糸が切れるように突然飽きることもあるからです。

このように知恵を絞れば、物事はよい方向へと転換します。

「人はたとえ健康でなくても、幸せに生きることができる」

いつかきっと、そう気づくことができるはずです。

第5章

人間として成熟するための聖なるあきらめ

人生の目的は誰でも必ず持っている

「今の自分の人生の目的とは何か」「自分にとっての幸せは何か」

これらを**明らめる**（**はっきりと自覚する**）と、努力するモチベーション（動機）が上がって、努力のつらさも軽くなる……。このようなお話を前で見てきました。

しかし、「人生の目的」「自分にとっての幸せ」を**明らめる**ことができない（はっきりさせられない）場合も多いようです。

人生の目的や、自分にとっての幸せがわからない状態。それは、とても困った状態です。なぜなら、行動のもととなるべき指針がわからず、自分の軸をしっかり保てていないことになるからです。

たとえ他人からの印象は、何不自由なく楽しそうに暮らしているように見えていても……。人生の目的がなくて情熱を何に注げばよいのかがわからず、心に虚しさを抱えてしまうかもしれません。

そのような状態では、**聖なるあきらめ**が降りてくるどころではないでしょう。

人生の目的や、自分にとっての幸せを、探り出してみましょう。

まず、次の問いについて考えてみてください。

「今のあなたがほしいものは何でしょう？」

そして、その理由についてより深く考え続けるのです。シミュレーションをしてみます。

今のあなたの「ほしいもの」が、仮に鉛筆だとしましょう。次は想定問答です。

Q「鉛筆があれば、どんなよいことがあるでしょうか？」

A「読書をしていて感動した知恵の言葉を、ノートに書き留めることができるでしょう」

Q「知恵の言葉を書き留めると、どんなよいことがあるでしょうか？」

A「私は賢くなれるでしょう」

Q「賢くなると、どんなよいことがあるでしょうか？」

A「周りのためにも、尽力することができるようになるでしょう」……。

このように、「○○が手に入ると（叶えられると）、どんなよいことがあるでしょうか？」という問いを繰り返すと、最後にたどりつく答えは、皆同じものになります。

「自分も幸せになり、周りの人も幸せになる」にたどりつくのです。

「今のあなたがほしいものは何でしょう？」と聞いたとき。よく聞かれる答えに、次のようなものがあります。

「お金がほしい」「社会的地位がほしい」「若さと美貌《びぼう》がほしい」……。

ありきたりで、俗なように思えるこれらの答えも、突き詰めていくと「成長の助けになる手段」として「ほしい」ということがよくあります。

つまり「お金の好きな現実主義者」のように見える人だって、その心の奥底では「人として成長をしたい」と願っているものなのです。そもそも人は、そのようにできているのです。

「いい人に成長して、人からよく思われたい」という願いは、言い替えると「自分も幸せで、他人にも幸せになってもらいたい」という状態を指します。

実はこれが、**聖なるあきらめ**によるゴールなのです。そのためには、心の奥底にある欲望をしっかりと**明らめて（意識をして）**、目先の小さな欲はうまく**諦めて、**「最善の道」（ベストの行動）を選んでいきましょう。

普段、意識はしていなくても、すべての人に人生の目的は必ずあるものなのです。今は目的がなくても思いつめないでください。あせらずゆっくりと楽しむくらいの気持ちで考えていけば、誰でも見つかりますよ。

どんなに小さな目的でもいいのです。それが大きな目的への第一歩にもなりますから。

克服しようとしない

ｂさんという、大企業の元常務の方と対談したときの話です。数多くの政財界の人たちとの面識があるｂさんですが、元総理の吉田茂さんについてのエピソードがとても心に残っています。

ｂさんは当時まだ30代の若者でしたが、勤め先の会社の会長や社長たちとともに総理を退任したばかりの吉田茂さんの自宅を訪問します。ｂさんは吉田さんに、こう聞きました。

「吉田さん、どうして総理大臣になれたのですか？」

単刀直入な問いを投げかけたｂさんに対して、横にいた社長がカンカンに怒ってしまいます。「君は、吉田元首相とさして親しいわけでもないのに、あまりに失礼ではないか」と。ｂさんは「非常に参考になると思いまして。すみません」と謝りました。

するとと、吉田さん本人はニコニコしながら、ｂさんをほめてくれたのです。

「いや、いい質問だよ。君はすごいよ」

そして、吉田さんはこう話を続けたのです。

「僕は英語やフランス語、ドイツ語など、何でも母国語のように話せる人とは違うんだ。外国語がよくできたら外交官で終わっていたのだろうけれども、それほど得意ではなかったので人の力をうまく借りることを学んだのだ。僕よりも優れた多くの人の力を、うまく活かしていくことを学んだんだよ。そんなこともしたから総理大臣になれたのかもしれないな」

それから吉田さんは、このようなことも教えてくれました。

「自分ができることでも誰かにおまかせして、『いいね』とほめる度量の広さがあるかどうか。これが、人づきあいが上手か、人に好かれるかどうかの差だよ」

ｂさんは、このような吉田さんの言葉を聞いて感銘を受けたそうです。

はた目から見ると、「外交官になった」というだけでも華々しい経歴であるはずです。

けれども吉田さんは、自分の適性を**明らめる**ことで「語学が並はずれて得意でない」のを自覚して受け入れ、「母国語のように語学ができない自分を責めること」や「外交官としてのキャリアアップ」を**諦めた**のでしょう。

そこで吉田さんはさまざまな人の力を借りることを覚えて「外交官を極める道」ではなく、「政治家への道」を選んだのです。

私はこの話を聞いて、**聖なるあきらめ**の素晴らしさに気づくことができました。

自分にないものばかりを嘆いている人や、できないことばかりを気にしている人にこのお話をするようにしています。

吉田元総理のように**聖なるあきらめ**ができる人は、人間の幅が広くなり、心も温かいのかもしれませんね。

「もし」という気持ちをあきらめる

40年前に、天台宗の開教師としてハワイに移住した荒了寛《あらりようかん》さん。荒先生（以下先生）は、仏教のみならず日本文化をハワイに広め、多くの人たちに慕《した》われている僧侶です。

私はハワイへ行き、先生を訪ねたことがあります。そのとき先生は「わが子を失った親は、どのように魂の危機を乗り越えればよいのか」を教えてくださいました。

先生の部屋には、温かな筆致の絵がたくさん壁に飾られていました。「いったい、誰が描かれたのですか？」と聞くと、「去年、突然亡くなった娘が描きました」と先生は答えてくださいました。娘さんを亡くされてまだ1年も経っていない時期だったのです。しかし、先生はユーモアいっぱいで、温かい雰囲気にあふれていました。

私は驚いて、「苦しみや悲しみをどのように乗り越えられたのですか？」とお聞きしました。

「苦しみや悲しみを乗り越えるだなんて、とんでもないことです。苦しみも悲しみも、ただ心に収めておくのです」

そんな先生の言葉にとても胸を打たれました。それは、（**娘と一緒に居続けることを）諦める**の一つでしょう。

先生は、娘さんの死について語ってくださいました。

「私は、娘に先立たれました。娘は当時48歳でした。翻訳などで私のことをいろいろ手伝ってくれて、将来は寺の跡継ぎにと考えていた娘でした。彼女は突然倒れ、打ちどころが悪かったのか、そのまま動けなくなり亡くなりました。それは一瞬の出来事でした。しかし私は、わが子を失って初めて、人並みに〝悲しみ〟というものがわかってきたような気がします。人は、どんな経験も生きていく力にしていかなければならないということでしょうか。プラスよりマイナスの経験のほうが、生きる上ではよい肥やしになるように感じます」

そして先生は仏教の言葉を使いながら、さらにわかりやすく説いてくださいました。

「仏教では『定命《じょうみょう》』という考え方があります。『定まった命』という意味ですが、私はすべての人間には定命があるととらえています。もちろん、その死に方は千差万別です。親しい人や大切な人を失ったときは、『この人は、何年何月何日に死ぬように生まれてきたのだな』と思うしかありません。この世の中に偶然というものはありえません。なにごとも、縁によって起こるのです」

私はこのお話を聞いて、そういう考え方もあるのだと思い、共感もしました。

若い人が亡くなると、残された人はとくにこう嘆くことが多いものです。

「この子がもっと生きていれば、素晴らしいことをたくさん経験できただろうに、かわいそう」

その気持ちはわかります。けれども、それを何十回、何百回と言ったところでもどうにもならないのです。

そのようなとき、私はこうお伝えするようにしています。

「死後の世界は、現世とは比べものにならないくらい素晴らしい世界です。だから、残された人があの世へと旅立った人のために、嘆くことはありません。ただ、そう素直に思えるまでに『私は本当にさみしくて悲しい』という自分自身の気持ちを充分に味わうことは必要ですよ。涙はいっぱい流してください。そして『もし』という言葉を使うのは**諦め**ましょう。自分を慰《なぐさ》めているようでいて、自分の傷を広げ続けるだけです。それよりも、『今度同じようなことが起こったら、どのような態度で生きていこうか』と考えることが、自分やその周りの人たちを幸せにすることにつながります」

先生が「人生でもっとも好き」と挙げてくれた言葉も、最後にお伝えしておきましょう。それは、「無明《むみょう》尽くることなし」という般若心経《はんにゃしんきょう》の言葉だそうです。

「人間、死ぬまで迷いはつきまといます。そこで、『生きるとは、そういうものなのだ』と**明らめる**。すると、自分だけではなく他のみんなも同じように苦しんでいるということがわかってくるはずです。『悟ろう』と思うから迷うのであって、『迷っている』とわかれば、もうそれでよいのです」

先生は、こう話してくださいました。

「『生きるとは、そういうものなのだ』と**明らめる**」

それは、消極的な態度のようにも聞こえます。

けれども、取り返しのつかない不幸に見舞われたとき。それはとても理にかなった解決策の一つであるはずです。

苦しみが人を優しくする

息子さんと死別された、ある大病院に勤めるc先生のお話です。

c先生は、テキパキと患者さんを診察していくタイプでした。威厳があるせいか、威圧感を覚える人も多く、「同じ科なら、他の優しい先生のほうがいい」と言う患者さんもいるほどでした。

ところが、あるころから患者さんたちの間で、このような声がちらほらと出始めるようになります。

「最近のc先生は、目を見ながら話してくれる。話もよく聞いてくれる」

「以前はあんなに優しい先生ではなかった。なんだか別人のようだ」

「病気はイヤだけれども、先生に会うのが楽しみだ」

患者さんたちの声というのは、看護師さんや、受付などのスタッフの間に、すぐ広まるものです。Z先生への感謝の言葉が、以前よりも増えているのを知った人は、皆一様に納得したといいます。

さほど評判がよくなかったｃ先生が、患者さんたちから好かれるようになった理由。それは、ｃ先生が自分の息子さんを、ある病気で亡くしたからでした。それも、息子さんを自分が得意とする専門分野の病気で亡くしたのです。

もちろん、ｃ先生は手を尽くしました。最新の医療などさまざまな治療法を研究し、あらゆる情報を集め、寝る間も惜しんで献身的に治療をしました。それでも、医療が万能であるわけではありません。「治ってほしい」というｃ先生の思いはかなわず、残念ながら息子さんは旅立ったのです。

自分が専門とする病気で最愛の息子を失ったｃ先生の胸中は、どれほど苦しかったことでしょう。でも息子さんを失ったことで、ｃ先生の心はガラリと転換しました。「一人の医者」から「人の親である医者」へと変わったからでしょう。

診察室にわが子を連れてくる親たちが、自分と同じような苦しい思いを抱えているのだということに気づき、その苦しみに寄り添わずにはいられなくなったのです。患者の親の苦しみに、より一層、親身に向き合えるようになりました。

また、患者としてやってきた子どもと、亡き息子の顔が、重なって見えたことでしょう。痛みを訴える子どもたちの声が、より重く心に刺さるようにもなったはずです。そして「どうしても治したい」という使命感や、「患者さんに、もっと優しく接したい」という思いも強くなったことでしょう。

わが子を失ったというZ先生の経験は、誰が見ても大きな不幸に違いありません。けれども息子さんとの死別を受け入れるという**聖なるあきらめ**によって、c先生のその後の価値観や人生は、よい方向へと変わることができたのです。それは、医者としてなんと大きな成長でしょうか。

c先生の話は私たちに、大きな慰めと、生き続けるための勇気を与えてくれます。

わが子が大人になっても一緒に悩み、一緒に喜ぶ

あるお母さんから、20代の息子さんについて相談をいただきました。

「息子の体重が増え続けることを心配しています。数年前は92kgもあったのを、専門病院に通院し処方してもらった薬と脂肪抜きの食事療法で、ようやく82kgにまで落としました。ですが、事態はまったくよくなりません。

過酷なダイエットを繰り返すにつれ、あるときから体重が簡単には落ちなくなっていました。そして『少し体重が減っては、リバウンドで以前よりも増える』という悪循環を繰り返すようになりました。

最近はとうとう体重計に乗ることさえ拒むようになり、無頓着《むとんちゃく》で過ごしているといつの間にか97kgを超えてしまいました。脂肪肝の疑いもあり、大変心配です。

太りすぎたら死に至るような大病を引き起こすと、主治医に警告もされています。

親として、私はどうしたらよいのでしょうか。もちろん食事には気をつけて毎日献立を考えていますが、本人が勤めに出ている間は外で好きなものを食べているようです。おやつやジャンクフード、糖分がたくさん入った清涼飲料水やジュースを好み、その上、座り仕事なので運動不足でもあります。本人が心を入れ替えるのを待つしかないのでしょうか……」

このような息子さんを、正常な方向へと誘導することは、難しいことでしょう。親にとっては苦難の道です。けれどもそれは、「お母さんに人としての成長を促してくれている」とも解釈できます。

こんなとき、お母さんはまず「現実から目を背けること」「問題から逃げること」をいったん**諦め**ましょう。

「食べたい」という衝動はよく理解できます。けれども、私たち人間には知恵があります。

わが子の姿を**明らめて**（**よく観察して**）、「最善の道」を選ぶよう対策を立てれば、肥満からわが子を救う方法はあるはずです。

たとえば自宅には、甘いものや高カロリーな菓子などの買い置きをしない。

野菜をおいしく調理して、多めに食べさせるようにする。

糖質を控えたおいしい料理を食卓に並べる。

息子さんが最初はそれを拒んだとしても、「母さんと一緒に食べよう」と励ましながら、親子二人三脚で最善の道（よい食事）を選択していく。

これも、**聖なるあきらめ**の一つの形です。


息子さんをうまく導くためには、どんなに小さいことでもよいので、よい選択ができたときは「認めてあげる」ことです。大人だとはいえ、ほめられることはうれしいことだからです。

人間が成長するためには、やはり誰かの助けが欠かせません。

そして、わが子の**聖なるあきらめ**のお手伝いをすることで、これからのお母さんには、大きな学びがきっとあるはずです。

あきらめるための準備をする

故遠藤周作先生の妻・順子さんは、かなり早くからご主人の死に対する心の準備をしていたと言います。そのきっかけとなった出来事は、まるで絵画のように美しいものだったようです。これは、順子さんにうかがった話です。

夫（遠藤周作先生）の死の10年ほど前のことです。私たちは代々木公園のそばに住んでいました。ある日、夫が「桜を見に行こう」と言い出しました。私はちょうど出かけるときだったので「困った」と一瞬思ったのですが、夫についていくことにしました。

その日は風もなく穏やかな天気でした。けれども公園に着くと、咲き誇った桜が吹雪のように散っていました。あまりに見事だったので、私たち二人はベンチに座って散りゆく桜に見惚《みほ》れていました。

30分ほど経ったころでしょうか、夫が突然「俺はもう帰るからな」と言うのです。私は一人、原宿のほうに出るために電車に乗らなければならず、そこで夫と別れることにしました。

「それではさよなら」と別れたあと。私は夫が歩いていくうしろ姿をずっと見ていました。すると、偶然なのかもしれませんが、夫が行く先々は決まって桜のトンネルのようになっていました。そのうち夫が、まるで桜の「幕」の陰に入り込んでしまったように急に姿を消したのです。

「ああ、夫が死ぬというのはこういうことなのだな」

そう感じると、私は途方もない喪失感《そうしつ》に襲われました。なぜだか歩けなくなって、そこにあったベンチに座ってオンオンと一人で泣いてしまったのです。その後なんとか電車にも乗りましたが、車内でもまた泣いてしまいました。

帰宅後、そのことを夫に話したところ、このような俳句を教えてくれました。

「死に支度《じたく》　いたせいたせと　桜かな」（小林一茶）

私は夫が、「もう死に支度をしていたのか」と思いました。

夫は若いころからいくつもの病気を経験してきました。「少しよくなっては、また病院のお世話になる」ということを繰り返してきましたから、私たちは「死」を常に意識していたところがあります。

けれども、本当にそのとき、「この人は、もう支度を始めたのだな（延命を**諦めた**）」とはっきり感じたのです。

先生の実際の死の10年も前から、順子さんは一種の「死に別れ」を、すでに体験されていたことになります。

「ずっと生き続けてほしい」というあたりまえの感情に流されるだけではなく、**聖なるあきらめ**をしながらゆっくりと「死別」への心の準備をされていたのでしょう。

このお話には、後日談もあります。

遠藤先生のご遺体が、病理解剖を終えて自宅に帰ってきたときのこと。私もそこに駆けつけたのですが、不思議な光景を目にしました。

弔問《ちょうもん》に訪れた人たちは皆泣きながらやってこられるのですが、家の中に入った途端に明るい顔に変わられるのです。家の中では、泣いている人はいませんでした。ご遺体に会われると、和やかな表情になり、おしゃべりを始められるのです。それは「喪《も》の家」どころか、「希望にあふれた家」という雰囲気でした。

先生の死の10年前にすでに「死に別れ」を意識し、**聖なるあきらめ**で残りの日々を充実させてきた順子さん。その尽力があってこその、遠藤先生の旅立ちであったのかもしれません。

死は遠い未来にあるわけじゃない

あるお母さんに、このような相談を持ちかけられたことがあります。

「幼いわが子に、死についてどう教えればよいのか、わかりません。祖母が入院先の病院で亡くなったときは、病室に子どもはあえて連れて行かず葬式にだけ参列させました。次に身内が亡くなったときに子どもにどう説明すればよいか、今から悩んでいます」


子どもから「死」を遠ざけていると、その子はずっと死を理解することができません。そして、死に対する誤ったイメージがふくらんで、必要以上に不安がってしまうこともあります。私は、「死についての教育」が必要だと、日々感じています。

そして、子どもだけではなく大人も一緒に、死について真正面から考えてほしいと願っています。なぜなら、死について正しい理解を深める（**明らめる**）ことは、よりよく生きることとつながってくるからです。

また、「せっかく授かった自分の命を、最大限に生かそう」「自分の人生に責任を持って、輝かせていこう」という気力が、一層湧いてくるはずだからです。

「死とは、恐いものでも悪いものでもない。人生をまっとうしていく最後の瞬間は、苦しそうに見えることもある。けれども、それを乗り越えることには大きな意味がある。死の先には、喜びに満ちた幸せな世界がある」

私が死をおそれず肯定的にとらえて受け入れているのは、30代のときに臨死体験《りんしたいけん》をしているからです。そのとき、私は死について体をもって理解し、本当の意味で受け入れることができたと言えるでしょう。

私の臨死体験について、お話ししましょう。

近代文学の学会が、関西で開かれたときのことです。その夜に泊まった奈良の修道会の建物で、私は転落し臨死体験をすることになります。

その建物は元宮家の別荘で、天井が通常の倍はあるような広いお屋敷でした。私が案内されたのは建て増しされた2階でしたが、階段の傾きはとても急でした。なかなか寝つけなかった私は、皆に迷惑がかからないように暗い中で電灯をつけずに壁を伝って廊下を歩き、曲がり角で一歩を踏み出します。

しかし、そこは廊下ではなく階段になっていたのです。私は落下して、床にドスンと叩きつけられたのでした。

気づいたときには、私は「空中にまっすぐ立っている私」を、そのななめ上から見下ろしていました。そして「空中にまっすぐ立っている私」の足元を包んでいる花びらが一枚落ちるごとに、私は気分がよくなっていくのを覚えました。

「これで、もう思い込みから自由になれる」

「世間の目を、気にしなくてよい」

そのような気持ちが湧き起こってきます。

そして、あと一枚の花びらが落ちれば私は完全に自由になると思ったとき、「空中にまっすぐ立っている私」とそれを見ている私は一体となって、空の上にふわりと軽やかに飛び立ったのです。

気づくと私は、今までに見たこともないようなきれいな光に包まれていました。それは温かく、気持ちのよい光でした。光に包まれすべてが一体となった感覚があるのですが、自分の存在はしっかりとあるのがわかりました。

私を温かく包んでくれている光は人格を持つ存在で、深いところで私とつながり交流していました。私は思わず叫びました。

「これが至福だ！　私は今、完全に自由だ！」

そして、その光の主に私はすべてを理解され、受け入れられ、許され、無条件に愛されていると感じたのです。

生まれて初めて味わうそのような至福のときに、誰だかわからないある声が聞こえてきました。

「癒してください」

すると、光の主がこう答えてくださったのです。

「現世に帰りなさい」

私は「戻りたくない」という気持ちでいっぱいでした。でも、次のようなメッセージを受け止め、戻ることに納得したのです。

「現世に戻ったとき、一番大事なことは、〝知ること〟、そして〝愛すること〟。生きていく上で、その二つを中心に考えなさい」

そのあと、私は目を覚ましました。多くの人が私を心配してくれていました。私の中では、目覚めた瞬間からまるで別の次元の境地にいるような気持ちで、ものの見方や感じ方が変わっていました。それまでのあらゆる悩みや心配事が消え失せ、明るい未来が広がっているように感じたのです。

当時はまだ、臨死体験という言葉すらなかった時代です。でも、友人の作家・故遠藤周作さんは、私の話にとても共感してくれました。

今では、この体験が臨死体験だったのだと思います。本来なら、命を落としていたのかもしれません。けれども、そのような身体的な生命の危機とは裏腹に、私は「真に満たされている」という喜びにひたっていたのです。その状態こそ、これから迎える死なのだろうと確信しています。

積極的に「死後の世界に行きたい」というわけではありませんが、死は決して恐くはありません。

カトリックでは、亡くなった人に対して「ハレルヤ」(「おめでとう」「よかったね」の意)という言葉をかけて、祝福します。臨死体験をした私としては、確かに「死とは祝福されるべきものかもしれない」と素直に感じます。

あなたの大切な人が亡くなりつつあるときは、ずっと一緒に居続けることが**諦め**られず、お別れがつらいことかもしれませんが、その人が安らかに旅立てるように送り出してあげてください。それが、旅立ちつつある方にとって一番うれしいことだと思います。

そして、死の床にある人が苦しんでいるように見えるときがありますが、実際は人生の最後が「幸せ感」に満ちたものであることは、実際に臨死体験をした私が保証します。

また他にも「臨死体験をした」という人たちに、話を聞いたことがあります。

皆さんが証言しているのは「明るい野原のような中にいた」「花が咲き誇っていた」「美しい川を渡った」など、心地のよいイメージばかりです。「鬼に追いかけられた」「閻魔《えんま》様に会った」などという人は、一人もいないのです。

それでもまだ、死が恐くなるときは……。自分自身に「ハレルヤ！」と声をかけてみてください。それは**聖なるあきらめ**を思い起こさせる、魔法の言葉です。

死へ静かに向かえるよう、心を安らかに整えていきましょう。それが生き延びることへの**諦め**となる**聖なるあきらめ**なのです。

先ほども申し上げたとおり、生きていく上でもっとも大切なことは、「知ること」と「愛すること」です。

「知ること」とは、「明らかにすること」「つまびらかにすること」。これは、「真理（正しい物事の筋道）を理解すること」にほかなりません。

「愛すること」とは、「今、この一瞬を受け入れ、心を込めてすべてに感謝しながら、小さなこと一つひとつを大切にし、心を込めること」です。

このような習慣が身に付けば、人を心から大切にしながら、今を幸せに生きることができます。と同時に、死を迎える際にとても大切になる態度を身に付けることにもつながります。

「聖なるあきらめ」が人を成熟させる

発行日　2015年7月2日　第1刷
発行日　2018年7月26日　第2刷

著者　鈴木秀子

本書プロジェクトチーム
編集統括　柿内尚文
編集担当　小林英史
デザイン　細山田光宣＋松本歩（細山田デザイン事務所）
イラスト　柴田ケイコ
編集協力　山守麻衣
校正　南本由加子

営業統括　丸山敏生
営業担当　石井耕平
営業　増尾友裕、池田孝一郎、熊切絵理、戸田友里恵、大原桂子、矢部愛、綱脇愛、川西花苗、寺内未来子、櫻井恵子、吉村寿美子、田邊曜子、矢橋寛子、大村かおり、高垣真美、高垣知子、柏原由美、菊山清佳
プロモーション　山田美恵、浦野稚加
編集　舘瑞恵、栗田亘、村上芳子、中村悟志、堀田孝之、大住兼正、千田真由、生越こずえ
講演・マネジメント事業　斎藤和佳、高間裕子、志水公美
メディア開発　池田剛、中山景、辺土名悟
マネジメント　坂下毅
発行人　高橋克佳

発行所　株式会社アスコム

〒105-0003
東京都港区西新橋2-23-1　3東洋海事ビル
編集部　TEL：03-5425-6627
営業部　TEL：03-5425-6626　FAX：03-5425-6770

印刷・製本　中央精版印刷株式会社

Printed in Japan ISBN 978-4-7762-0862-4